Anton Rotzetter

Leidenschaft für Gottes Welt
Aspekte einer zeitgemäßen Spiritualität

Anton Rotzetter

Leidenschaft für Gottes Welt

Aspekte einer zeitgemäßen Spiritualität

Benziger

Umschlag von H + C Waldvogel
Abbildung: C.D. Friedrich/Mönch am Meer
Archiv für Kunst und Geschichte, Berlin

ISBN 3 545 20106 6

Inhalt

Einführung 11

Leidenschaft 11
Geistliche Reden 13
Dank und Wunsch 14

Den Sinn des Lebens buchstabieren 17

Theologie und Spiritualität 23

1. Zum Verhältnis von Theologie und Spiritualität 24
2. Strukturen der christlichen Spiritualität 31
2.1 Einheit von Mystik und Politik 31
2.2 Entschiedene Parteinahme für die Armen 33
2.3 Das Kreuz und das Unterscheidend-Christliche 36
2.4 Die Kirche als Ort christlicher Existenz 37
Schluß 38

Ändert sich der Glaube? 39

1. Zum Wesen des Glaubens 39
1.1 Der Glaube ist eine Grundentscheidung des Menschen 40
1.2 Der Glaube ist das Ergriffensein von der Liebe Gottes 41
2. Geschichtlichkeit des Glaubens 42
2.1 Das Gesetz des «Rivestimento» 43
2.2 Das Gesetz des einführenden Geistes 43
2.3 Das Gesetz der Relativierung 44
2.4 Das Gesetz einer pastoral ausgerichteten Theologie 44
2.5 Das Gesetz des evangelischen Rekurses 45
2.6 Das Gesetz der Wissenschaftlichkeit 46

2.7 Das Gesetz der Distanzierung 46
2.8 Das Gesetz der Pluriformität 46
Zusammenfassung 47

Gebet und Realität 49

1. In eine offene Zukunft gestellt: Das Gebet als Frage 49
2. Zum Handeln gedrängt: Das Gebet als Ringen um Erkenntnis 51
3. Den Himmel bestürmen: Das Gebet als Bitte 53
4. In der Einheit mit Christus leben: Das Gebet als Kontemplation 55
5. Aus der Fülle leben: Das Gebet als Lob und Dank 56
6. Die Festlichkeit des Lebens inszenieren: Das Gebet als Kommunikationsspiel 57
Zusammenfassung 58

Kontemplation und Gehorsam 59

1. Begriffserklärung und Lebenskonzepte 59
1.1 Kontemplation, oder: Die Einübung des Auges 59
1.2 Gehorsam, oder: Die Einübung des Ohres 61
1.3 Maria, oder: Die Einübung der Mütterlichkeit 64
2. Probleme und Schwierigkeiten 65
2.1 Der Ordensgehorsam 65
2.2 Der kirchliche Gehorsam 67
2.3 Brief an Wolfgang Haas vor seiner Weihe zum Weihbischof von Chur 70

Maria – Christliches Menschenbild – Mann und Frau in der Kirche 75

1. Dreizehn Thesen 75
2. Zu These 5: Die Frau am Himmel, oder: Die Geburt des neuen Menschen 80
2.1 Viele Bilder für die gleiche Sache 81

2.2 Die himmlische Frau 82
3. Zu These 7:
Maria, oder: Die Poesie des Glaubens 84
3.1 Schwierigkeiten mit der geschichtlichen Maria 84
3.2 Realitätsbewältigung 85
3.3 Die Frau als Symbol 85
3.4 Unbefleckte Empfängnis 86
3.5 Aufnahme Mariens in den Himmel 86
3.6 Geburt aus der Jungfrau Maria 87
3.7 Gottesmutter 87
Schluß 88

Plädoyer für eine
prophetisch-politische Spiritualität 89

1. Der Unterschied von Philosophie und Religion 91
2. Das Christentum ist eine andere Religion 94
2.1 Die apokalyptische und die prophetische Deutung der Geschichte 95
2.2 Christsein und der politische Bereich 96
2.3 Gottes «Transzendenz» in die Welt hinein 97
3. Politische Prophetie 99
3.1 Der Christ muß sich als Fürsprecher und Anwalt der Armen verstehen 100
3.2 Der Christ muß sich als Ansage der Zukunft verstehen 101
4. Konkretisierung einer politisch-prophetischen Spiritualität 101

Orden und Initiativen
zwischen Bekenntnis und Protest

Für eine Spiritualität weltweiter Verantwortung 105

1. Orden und Initiativen 105
2. Zwischen Bekenntnis und Protest 106
3. Spiritualität 109
4. Weltweite Verantwortung 112
Zusammenfassung 117

ZUR MISSIONARISCHEN SPIRITUALITÄT
DER KOMMENDEN JAHRE 119

1. Missionarische Spiritualität 119
2. Die kommenden Jahre 124

SPIRITUALITÄT DER BEFREIUNG 133

1. Zwei Thesen 133
1.1 These 1: Die Befreiungstheologie lebt hier und jetzt aus spiritueller Erfahrung 133
1.2 These 2: Die Befreiungstheologie lebt aus der geistlichen Tradition 138
2. L. Boff und die franziskanische Tradition 138
2.1 Armut als Parteinahme 141
2.2 Armut unter den Bedingungen des priesterlichen Amtes und der kirchlichen Bildung 142
2.3 Die Kirche der Armen 144
2.4 Die Armut Christi 144
3. Spirituelle Fragen 146

BEKEHRUNG ZU GOTT ALS ZUWENDUNG ZUR WELT

Bemerkungen zum Thema Schuld und Bekehrung 149

1. Eine behagliche, harmlose, bedeutungslose Religion 149
2. Das christliche Gottesbild 151
3. Uninformiertheit als Sünde 154
4. Vergebung durch Gott 155
5. Eucharistiefähigkeit 156

FRIEDEN WAGEN 159

Vorbemerkungen 159

A. *Frieden wagen = Christus wagen* 159

1. Die Erde ist kein Paradies 160
2. Wir müssen vom Paradies reden 160

3. Frieden wagen = Christus wagen 161
4. Drei kritische Punkte 162
4.1 Die Brotfrage 162
4.2 Die religiöse Frage 163
4.3 Die Machtfrage 164
5. Frieden wagen – nicht so sehr Leistung 165

B. *Frieden wagen – Ein Abenteuer des Glaubens* 166

1. Wagen 166
2. Produktive Unzufriedenheit 167
3. Gott weist in die Zukunft 170
4. Nicht nur nach vorn, sondern auch nach oben! 171
5. Hinabsteigen 172

C. *Frieden ist allzeit in Gott –*
Die mystische Dimension des Bildes 173

1. Wir müssen im Bild sein 173
2. Ein Gesicht 174
3. Das Gesicht Gottes 176
4. Das Gesicht Christi 177
5. Auge, Ohr und Mund 179
6. Das Gesicht des Menschen 180
7. Frieden wagen 181

D. *Die Werke der Barmherzigkeit wagen* 182

1. Aufgrund seines Erbarmens 182
2. Völlige Identifizierung mit den Notleidenden 183
3. Werke der Barmherzigkeit 185
4. Caritas und Politik 186
5. Die Dritte Welt in den Blick nehmen 187
6. Christliche Gemeinden als notwendige Voraussetzung für den Weltfrieden 188

Aus Gnade und Gerechtigkeit leben 189

WAS IST UNS SCHWEIZERN DIE FREIHEIT WERT? 193

Benützte Literatur 203
Hinweis 207
Abkürzungen 208

Einführung

Der Zufall will es, daß gleich zwei Verlage gleichzeitig mit einem ähnlichen Anliegen an mich herantreten: ich möchte doch die Früchte meiner weitverbreiteten Vortragstätigkeit in Form eines Buches einsammeln und einer breiteren Öffentlichkeit anbieten. Ich komme dieser Einladung gerne nach, zumal sie mir erlaubt, auch persönlich so etwas wie einen Gesamtüberblick und eine Zusammenschau der Werte, die mir wichtig sind, zu gewinnen.

Um auf beide Einladungen eingehen zu können, habe ich mich entschieden, hier meine Gedanken für eine mehr allgemein christliche Spiritualität vorzulegen und dort (Herder) jene, die im besonderen die franziskanischen Anliegen betreffen. Beiden Büchern aber liegt ein einheitlicher Grundgedanke zugrunde: die *Leidenschaft für Gottes Welt*. Sie sind von mir als Einheit gedacht und werden, so hoffe ich, gewiß auch vom Leser als zusammengehörig empfunden werden.

Leidenschaft

Hierzulande leben wir, wie mir erst neulich eine in Brasilien lebende Schweizerin sagte, in einem «Gefühlsfriedhof». Deswegen könne sie hier nicht mehr leben. Offenbar merken jene, die vorübergehend zu uns zurückkehren, mehr als wir selbst, daß wir an einem ungeheuren Defizit kranken, an einem Mangel, an dem wir eines Tages sterben werden. So müssen wir jene Kräfte in uns wieder neu entdecken, die uns retten können. Dazu gehört auch die Leidenschaft.

Wie viele Worte unserer Sprache ist auch das Wort «Leidenschaft» in seiner Bedeutungsbreite eingeengt und schließlich negativ belegt worden. Dabei gehört es im Zusammenhang der *Passionsgeschichte* Jesu sogar ins Zentrum christlicher Spiritualität. Da bedeutet Passion ein Zweifaches:

– *das Erleiden* des Leidens, des Bösen, der Verfolgung, der Verleumdung, des Todes... ; die Bereitschaft und die innere Kraft, den Preis für den Einsatz zu bezahlen. Dieses Leiden ist von jeher in den Mittelpunkt des Glaubens gestellt worden: man meditierte die «fünf Wunden» Jesu, ging mit ihm zusammen den «Kreuzweg», murmelte den «schmerzensreichen Rosenkranz», spielte «Passionsspiele», feierte die Karwoche, suchte sich in der sog. «compassio» (= Mitleiden) mit dem leidenden Jesus zu identifizieren . . .;

– *der leidenschaftliche Einsatz* für das Leben der Welt. Jesus konnte weinen über den Tod seines Freundes oder über die Uneinsichtigkeit Jerusalems. Er wurde zornig und aggressiv angesichts des schon nach Verwesung riechenden Lazarus und rief mit lauter, bebender Stimme in das Grab hinein: «Lazarus, komm heraus!» Er vertrieb den Tod in seiner Umgebung: den Tod der Beziehungen, indem er Aussätzige in die Gemeinschaft zurückführte und mit Exkommunizierten (Zachäus) aß; den moralischen Tod der Schuldiggewordenen, indem er eine grundsätzliche und bedingungslose Vergebung praktizierte; den Tod der physischen Kraft, indem er die Kranken heilte («alle Kranke» heißt es unter Vorwegnahme der Zukunft im Evangelium); den biologischen Tod, indem er Tote auferweckte und dabei - wie der Blick auf die Auferweckung der Toten zeigt - alle Toten meinte. Er ließ das «Wunder» einer in Gott und mit aller Welt versöhnten, «heilen» Welt aufblitzen, des Reiches Gottes, in dem das Leben in jede Einzelwirklichkeit eingedrungen und von da nicht mehr zu vertreiben ist. In Jesus lebte die göttliche Leidenschaft für das Leben.

Ich denke, daß in der Begegnung mit diesem Jesus auch unsere erstorbene Leidens- und Leidenschaftsfähigkeit wieder auferstehen kann. Schon die Evangelien definieren die Christen nicht abstrakt, indem sie etwa sagen: Christen sind Menschen, die auf Christus getauft sind. Was soll das schon heißen? Nein, sie sagen: Christen sind Menschen, die genau das tun, was Christus getan hat: das Reich Gottes verkünden, Kranke heilen, Tote auferwecken, Aussätzige rein machen, die bösen Geister vertreiben ... (Mt 10,5ff). Wie also sollte Spiritualität anders definiert werden, wenn nicht als «Leidenschaft für das Leben in der erlebten Gemeinschaft mit Jesus», als neuentdeckte und von «Christus empfangene göttliche Energie für Gottes Reich»? Spiritualität ist ja nicht einfach Innerlichkeit oder eine ideal verstandene Geistigkeit, sondern leibhafte Existenz des Glaubens an den Gott, der sich in Jesus offenbart hat. Und zum Leib gehören das Leiden und die Leidenschaft. – Beides wird nötig sein, wenn wir aus der Gefühlskälte unseres Glaubens herausfinden und die Rettung unserer Welt erleben wollen.

Geistliche Reden

Ich hoffe, daß die Leidenschaft des Glaubens: Betroffenheit und Begeisterung, Feuer und Flamme, auch in den geistlichen Reden spürbar wird, die ich mit diesem Buch (und mit dem anderen, das bald bei Herder erscheinen wird) dem wohlwollenden kritischen Leser anvertrauen möchte.

Geistliche Reden sind Gelegenheitsreden. Sie antworten einer Einladung, für ein ganz bestimmtes Publikum an einem ganz bestimmten Ort zu einem vorher eingegrenzten Thema zu sprechen. Es kann darum nicht wundern, daß in Stil und Form große Unterschiede spürbar werden: ein akademisches Publikum oder eine bestimmte Berufsgruppe (z.B. Theologen) verlangen eine andere Sprache, oft auch eine andere mehr thesenhafte Form, welche die anschließende Diskussion erleichtern kann, als eine Zuhörerschaft, die ganz gemischt zusammengesetzt ist. Ich habe nicht versucht, eine Einheitlichkeit des Stils zu erreichen, sondern die ursprüngliche Form belassen. Das bedingt auch, daß da und dort wohl gleiche oder ähnliche Gedanken formuliert sind. Auch da habe ich nachträglich nicht glätten wollen.

Als Gelegenheitsreden sind diese geistlichen Reden auch mehr oder weniger zufällig. Sie stellen nicht eine systematische Darstellung der Theologie des geistlichen Lebens dar, sondern höchstens Fragmente. Aus dem Nichtvorhandensein eines Themas kann also nicht geschlossen werden, daß es für mich nicht auch wichtig wäre. Hingegen hoffe ich, daß das Ganze der christlichen Spiritualität auch in den einzelnen Vorträgen immer wieder fragmentarisch aufleuchtet: Das Ganze spiegelt sich im Fragment.

Mir ist das Gebet und die lange unverzweckte Meditation, die schweigende Offenheit in der Kontemplation und die begeisterte Feier der Christusgeheimnisse wichtig. Aber ich bin überzeugt, daß auch die politische Seite zum Glauben selbst gehört und nicht einfach ein Anhängsel ist. Wo ich darum vom Gebet spreche, muß ich auch von der Realität und vom Reich Gottes reden, dem all unsere Anstrengung zu gelten hat. Und wo ich von Weltverantwortung rede, muß ich auch von der Verwurzelung in Gott sprechen. So bedingt das eine das andere, das Ganze leuchtet auf in einem einzelnen Punkt.

Eine Systematik meiner geistlichen Reden ist darum schwierig. Wie soll eine Unterteilung des Buches möglich werden, wenn immer wieder von einem Punkt aus das Ganze in den Blick kommt und letztlich immer vom Gleichen die Rede ist? Darum begnüge ich mich mit einer bloß äußerlichen Aneinanderreihung der geistlichen Reden, beginnend mit mehr grundsätzlichen und sogenannten «mystischen» Themen, um dann immer mehr die Welt und die Verantwortung für sie in den Blick zu nehmen.

Dank und Wunsch

Bevor ich das Buch in die Öffentlichkeit entlasse, ziehen all die Menschen an mir vorüber, für die ich diese Reden abgefaßt habe. Einzelne haben sich mir im Gefolge vertraut gemacht und sind mit mir in Beziehung geblieben, die meisten aber sind mir unbekannt geblieben. Auf jeden Fall waren sie wohlwollende und kritische Zuhörer, die mich durch ihre Aufmerksamkeit herausgelockt haben aus Reserve und Angst. Und meistens konnte ich mich von meinen Papieren lösen und frei und froh die Leidenschaft für Gottes Welt aussprechen und bezeugen. Darum gilt ihnen mein besonderer Dank. Sie sind «Mit-Autoren»: Wenn ich nicht Zuhörer gefunden hätte, gäbe es jetzt auch keine Leser dieses Buches.

Mein Dank gilt aber auch dem Benziger Verlag für die Einladung, diese Leidenschaft für Gottes Welt auch in Buchform zu bezeugen, und seinem Lektor, Herrn Hans Thomas, für die Betreuung des Manuskriptes. Nicht zuletzt möchte ich Frau Dr. Elisabeth Hug danken, welche sich der Korrekturen angenommen hat.

Nun hoffe ich, daß das Buch auch das erreicht, was es bezweckt: Leidenschaft für Gottes Welt bei allen, die es lesen.

Schwyz, im Juli 1988 Anton Rotzetter

Den Sinn des Lebens buchstabieren

Im Mittelalter gab es die literarische Form des Abecedariums. Als mich der Verlag am Eschbach um einen Beitrag zu einem Sammelband bat, in dem moderne Schriftsteller Sinn-Bilder des Lebens entwerfen sollten, fand ich diese Form angemessen. Denn mit ihr möchte ich zum Ausdruck bringen, daß wir das Leben buchstabieren lernen müssen. Sonst bleiben wir Analphabeten, mögen wir sonst lesen und schreiben können, soviel wir nur mögen.

Mein Leben lang muß ich den Sinn meines Lebens buchstabieren und von A bis Z die Worte reihen.

ARBEITEN, bis alle Glieder an mir schwer werden, damit wir es doch endlich einmal gut haben, Du und ich und alle Menschen; damit das große Fest doch endlich wahr wird, das als Traum in uns lebt; damit die Fesseln fallen, die uns binden an Tod und Not, an Neid und Streit.

BÜCHER lesen, die großen Bücher der Menschheit, mit meinen ganz persönlichen Fragen und mit dem Blick auf die Welt, damit die Erfahrungen der Geschichte fruchtbar werden für heute; damit wir nicht immer die gleichen Fehler wiederholen, Du und ich und alle Menschen.

Christ sein und mit jenem Menschen leben, der den Tod hinter sich gelassen hat und jetzt lebt in den Liedern der Kirche und in den Schreien der Armen, im Teilen von Brot und Wein, im offenen Herzen und in den Augen der Kleinen, in Dir und mir und in allen Menschen; damit wir mit unseren Händen das Leben greifen und die neue Welt berühren.

Dornen annehmen, weil sie ein Geheimnis hüten, das ich nicht verletzen darf, weil sich hinter ihnen die Unschuld des Lebens verbirgt, mit dem ich behutsam umgehen soll; damit wir niederfallen und das Leben anbeten, ich und Du und alle Menschen; damit Offenbarung geschieht, immer wieder.

Essen und Trinken, mit anderen zusammensitzen und kosten und singen und singen und kosten; spüren, daß in jedem Kraut und in jeder Frucht das Leben ist, für mich und Dich und alle Menschen; damit das Leben aufbricht aus den Tiefen der Erde und aus den kleinsten Dingen.

Freund sein dem, der mein Freund sein will, und es bleiben, auch wenn er mich verläßt; das Brot mit ihm teilen, die Gedanken und Gefühle und alles, was lebt; damit ein ewiger Bund entsteht, fester Halt im Hin und Her der Welt, ein Boden, auf dem wir stehen können, ich und Du und alle Menschen.

Gott suchen im Zwitschern der Vögel und jenseits der Wolken, in den aufgedunsenen Bäuchen hungriger Kinder und im Schrei der Völker, in allem, was sich ereignet auf allen Kontinenten; glauben, daß sich in allem der Ruf an Moses wiederholt: Ich habe das Elend meines Volkes gesehen, geh und befrei es; damit die Welt in die Zukunft drängt, die mehr ist als eine geradlinige Fortentwicklung dessen, was wir jetzt sehen, ich und Du und alle Menschen.

HERZ haben für die Armen und fühlen, denken, handeln als ihr Bruder; die Barmherzigkeit pflegen, eine Kultur des Herzens, in der die Liebe Macht und Herrschaft verdrängt und die Angst überwindet; das Herz sprechen lassen und seinem Drängen nachgeben; das Feuer entfachen, das alles verändert, mich und Dich und alle Menschen; damit die böse Macht der Mächtigen schwindet und die Leidenschaft für das Leben alles bestimmt.

INNERLICHKEIT suchen, nicht einfach als Selbstzweck, auch nicht, um eine eigene heile Welt zu finden, sondern gebunden an Not und Tod der Menschen; sich an Leiden und Schmerz ebenso bilden wie an Blumen und Bäumen; den Schrei der Armen zu eigen machen, die Gebete der Ausgestoßenen in den Mund nehmen; damit wir uns nicht absondern, sondern als Teil der Welt verstehen, ich und Du und alle Menschen.

JESU Worte trinken wie Wein, seine Taten essen wie Brot und mich vollsaugen von seinem Geheimnis; in ihm nicht das Ende sehen, sondern einen Auftrag, der mich betrifft, eine Kraft, die mich befreit zu eigenem Tun; damit die Welt aus ihrem Schlaf aufwacht und sich auf den Weg macht ins verheißene Land und wir dabei sind, ich und Du und alle Menschen.

KONFLIKTE nicht fliehen, sondern dabei sein, geduldig und mit aller Kraft; das Kreuz der Welt anschauen und aufnehmen; mich nicht betrügen mit einer «heilen Welt», sondern mich in das Leiden der Schöpfung mischen; unter dem Kreuz bleiben, es erleiden und wandeln zum Leben; mich am Aufstand beteiligen, den Jesus gegen den Tod angezettelt hat; damit Ostern wird für mich und Dich und alle Menschen.

LIEBE in allen Formen als Erscheinung Gottes schätzen und preisen; sie nicht vermiesen lassen durch eine falsche, heuchlerische Moral; lieben und lieben lassen, mich und Dich und alle Menschen; damit der Name Gottes geheiligt wird und die Liebe alles in allem ist.

MUTTER sein auch als Mann: empfangen, tragen und gebären, hegen, pflegen und bergen; das Leben über alles schätzen, in mir und Dir und in allen Menschen, auch in allen Pflanzen und Tieren, ja selbst im Stein; damit der Tod ein Ende hat und alle Tränen abgewischt werden.

NATUR stehen lassen; ihr ihr Geheimnis lassen als Voraussetzung für Kultur; nichts als Unkraut, Unding, Unmensch betrachten, sondern als Kraut, Ding und Mensch, von denen jeder und jedes sein Daseinsrecht hat; in allem, was ist, den Bruder sehen oder die Schwester – wie Franz von Assisi damals; damit das Seufzen der Kreatur ein Ende hat und die Freiheit der Kinder Gottes anbricht für mich und Dich und alle Menschen.

ORTE schaffen, wo man leben kann, eine Atmosphäre, in der man zuhause ist, Freiräume, in denen man sich bewegen darf, wie man will; die Wüste verdrängen, die Oasen ausdehnen, bis die ganze Welt bewohnbar ist und fruchtbar; damit die ganze Erde ein Land wird, in dem Milch und Honig fließen; damit das Lachen unseren Leib ergreift, meinen und Deinen und den aller Menschen.

PALAVER suchen, Gespräche, nicht um recht zu behalten, sondern um Einigung zu erzielen; nichts überstürzen, nichts aufdrängen, reden wie in Afrika; eine andere Form des Umgangs ausprobieren und den anderen gelten lassen; damit jeder sich spüren kann, ich und Du und alle Menschen.

Quellen erschließen, aus denen wir leben können, Du und ich und alle Menschen: die Bibel, die Zeugnisse des Glaubens, Franz von Assisi; die Menschen fragen, wonach sie Durst haben, und mit ihrer Antwort die Quellen nochmals befragen und immer wieder; entdekken, wie sie zum Fluß werden, zum Strom, der alles bewässert und fruchtbar macht; damit wir entdecken, daß keine Frage vergeblich ist und keine Sehnsucht ins Leere fällt.

Reich gottes realisieren: Wunden verbinden, Kranke heilen, Einsamen Nähe schenken, Lahmen auf die Beine helfen, Verkrampfte lösen, Tote lebendig machen, den Armen Hoffnung geben, auch mir und Dir und allen Menschen; damit wir wissen, was Leben ist und wer Gott ist.

Sprechen von dem, was wichtig ist und verbindet; mit der Sprache Brücken bauen, mit Worten Stützpunkte errichten in einer fließenden Welt; schweigen können, damit das Wort trägt und Sinn bekommt für mich und Dich und alle Menschen; damit wir uns verstehen und lieben können.

Tote nicht abschreiben, sondern ihr Bild bewahren für ewige Zeiten; sie einbeziehen in unsere Zukunft, weil sie Erben sind wie wir, wie ich und Du und alle Menschen; die Hoffnung auch für die Toten aufrechterhalten und bezeugen – in einer Welt, die sich nur für die gerade Lebenden einrichtet; damit nichts verloren geht und auch die Vergangenen einziehen in die Gegenwart des Lebens.

Universale gemeinschaft als Ziel verfolgen und das Leben so ausrichten, daß alle Menschen und jede Kreatur von einem Tisch leben und das köstliche Brot und den feurigen Wein miteinander teilen; mich als Werkzeug verstehen für Frieden und Gerechtigkeit, für eine Welt, in der es keine Opfer mehr gibt und nur noch Beteiligte; damit alle leben, ich und Du und alle Menschen.

Vertrauen, daß der Kern des Menschen gesund ist und die Mitte der Welt geheilt und daß letztlich alles gesundet und heilt; mich einspannen lassen von der innersten Kraft der Geschichte, das Vertrauen fruchtbar machen in einem vollen Einsatz; damit Glaube, Hoffnung, Vertrauen nicht leere Worte bleiben, sondern erlebbar werden für mich und Dich und alle Menschen.

Wunder nicht ausschließen: alles ist möglich; mich einlassen auf die ungeahnten Möglichkeiten der Schöpfung, auf das Kleine und Große, auf mich und Dich und alle Menschen; glauben, daß wir mit Gottes Kraft das Ende wenden in einen neuen Anfang und daß es ein Fest ohne Ende geben wird; damit wir jetzt schon alles tun, was möglich ist, und keine Zeit vergeuden.

X-mal verzeihen, um niemanden zu binden an vergangene Schuld; um die Geschichte zu unterbrechen und Anfänge zu ermöglichen; auch mir selbst vergeben, um ein anderer werden zu können; damit der Neue Bund wirklich neu ist für mich und Dich und alle Menschen.

Yoga und alle anderen religiösen Ausdrucksformen nicht unbedingt nachvollziehen oder anderen aufdrängen wollen, aber als Möglichkeiten und als geschichtliche Erfahrungen schätzen, als erprobte Wege der Gotteserfahrung; im Bewußtsein, daß es viele Wege gibt und nicht jeden für mich und Dich und alle Menschen; damit eine Ahnung aufkommt von der Freiheit, die Gott will.

Zeichen suchen und setzen für Menschlichkeit, Gottes Liebe, eine andere Welt; alles ist Sakrament, Symbol, Hinweis, nichts steht allein, alles bewegt sich in einem großen Zusammenhang; mein Auge schulen, um zu sehen, meine Hand öffnen, damit etwas entsteht; damit das Ganze im Teil aufleuchtet und wir nicht verzagen, ich und Du und alle Menschen.

Theologie und Spiritualität

Vortrag vor der Theologischen Kammer der Evangelischen Kirche von Kurhessen-Waldeck (Hofgeismar 27./28.2.1984)[1]

Mit Freuden folge ich Ihrer Einladung, die Erfahrungen und Erkenntnisse zusammenzufassen, die ich durch meine Arbeit am Institut für Spiritualität in Münster/W. gemacht bzw. gewonnen habe. Ich tue das mit besonderer Freude, weil ich zu denen gehöre, die sich weigern, die Grenzen der Konfession heute noch anzuerkennen. Ich habe mich seit Beginn meines theologischen Studiums immer wieder, ja eigentlich immer, bei Theologen aus den Kirchen der Reformation zuhause gefühlt. Weil ich da nicht nur viele Inhalte meiner franziskanischen Tradition wiederfinde, sondern auch das Merkmal, welches nach eben dieser Tradition zu jeder echten Theologie gehört: die «unctio», diese gottgeschenkte existenzielle Betroffenheit. Diese Betroffenheit, mit der die Autoren ihre Werke geschrieben haben, hat denn spürbar auch mich als Leser immer wieder ergriffen.

Damit sind wir eigentlich schon mitten im Thema, das Sie mir aufgetragen haben: Theologie und Spiritualität. Das Thema ist so weit gefaßt, daß ich hier nur einige Aspekte darlegen kann, vieles ausgespart bleibt und anderes in den vorgesehenen Diskussionszeiten Raum hat.

[1] Vgl. dazu meine Ausführungen zum gleichen Thema, in: Franziskanische Studien 61 (1979) 318-340; zum Ganzen das von mir herausgegebene vierbändige Werk «Seminar Spiritualität».

1. Zum Verhältnis von Theologie und Spiritualität

Zunächst möchte ich darauf hinweisen, daß sowohl «Spiritualität» als auch «Theologie» einem ständigen Mißverständnis unterworfen sind.

1.1 Bei *«Spiritualität»* ist dieses Mißverständnis offensichtlich, es begegnet einem auf Schritt und Tritt:

– Für die einen ist «Spiritualität» ein *Grenzphänomen,* mit dem «Spiritismus» verwandt, wenn nicht mit ihm identisch, gleichbedeutend mit esoterischen Praktiken, die man als guter Theologe und vernünftiger Mensch weit von sich zu weisen hat.

– Für andere verbindet sich «Spiritualität» mit *«Idealismus»*, also mit mehr oder weniger zeitunabhängigen und ewigen Ideen und Gedanken, mit einem «Leben», das im Grunde eine Abstraktion, d.h. von sozialen, ökonomischen, politischen, historischen Gegebenheiten unabhängig ist.

– Wieder andere glauben, daß «Spiritualität» die *spezifisch religiösen Vollzüge* meint, also Kontemplation, Meditation, Gebet, Liturgie, Besinnung und Zurüstung; dabei bleiben Aktion, Engagement, Diakonie, Mission usw. ausgeklammert.

– Andere stellen «Spiritualität» in einen *Gegensatz zur Theologie:* Diese sei objektiv, wissenschaftlich, jene dagegen subjektiv, willkürlich, nicht genau beschreibbar, auf jeden Fall von einem zünftigen Theologen nicht ernst zu nehmen.

Von solchen Mißverständnissen muß man sich entschieden absetzen. Zum Begriff «Spiritualität» gehören m.E. folgende Elemente:

a) *die theonome Konzeption des menschlichen Lebens:*

Es geht um das heilige «pneuma» Gottes, bzw. Jesu, insofern es alle Lebensbereiche und -vollzüge des Menschen bestimmt und durchdringt, um das Feuer des «spiritus sanctus», das zur Leidenschaft der menschlichen Existenz geworden ist, um den «Heiligen Geist», der das Antlitz der Erde erneuert.

b) *die «somatische» Konzeption des christlichen Lebens:*

Ich sage hier ganz bewußt, «somatisch», um die Vielschichtigkeit des Gemeinten zurückzugewinnen, wie sie im biblischen Begriff «soma» steckt. Ich meine damit:

– *Leibhaftigkeit, Konkretheit, Ganzheit:* Spiritualität umfaßt also nicht nur die geistigen und innerlichen Bedingungen des Menschseins, sondern ist ein Glaube mit Händen und Füßen, ist Sprache, Körperhaltung, Tat, meint den spezifisch religiösen Vollzug ebenso wie dessen Ausdruck in der alltäglichen Praxis.
– *Kontinuität, also zeitliche Erstreckung:* Spiritualität wird faßbar in der Geschichte eines Lebens, ist Biographie.
– *Soziale Einbindung:* Spiritualität zeichnet sich ein in das Kommunikationsfeld, in dem der einzelne steht.
– *Körperschaft:* Spiritualität ist nicht nur individuell faßbar, sondern vorwiegend als sozialer Ausdruck zu beschreiben: «wo zwei oder drei in meinem Namen versammelt sind, da bin ich mitten unter ihnen» (Mt 18,20): Spiritualität ist also als «gemeinsames Leben», als «vita communis» zu verstehen, als Gruppe, Kreis, Gemeinde, Kirche.
– *Welt:* Spiritualität hat die Tendenz, sich in den «kosmischen Leib», also in das Weltganze einzuschreiben, ist also neue Geschichte, neues gesellschaftliches Handeln.

c) *die existenzielle Konzeption des christlichen Lebens:*
Ich möchte mich mit dieser Formulierung absetzen vom reinen Objekt-Subjekt-Denken. Spiritualität hat ebenso wie die Theologie mit Gott, Jesus Christus, Wort, Sakrament, also mit der Bindung an die objektiven Grundgegebenheiten unseres Glaubens zu tun. Doch steht die Spiritualität diesen Gegebenheiten nicht in wissenschaftlicher Distanz gegenüber; sie sind vielmehr zur Substanz der eigenen Existenz geworden, zu einem inneren und leidenschaftlichen Moment des Lebens.

1.2 Hier ist nun auch der Ort, wo von der *Theologie* die Rede sein kann. Auch sie ist ja viel subtileren Mißverständnissen unterworfen:
– Da ist einmal das Mißverständnis *des Praktikers,* der jede Theoriebildung ablehnt. Daß gerade der Praktiker eine gute Theologie braucht, wenn er nicht ziellos herumirren will, muß ihm erst einsichtig gemacht werden.
– Ähnlich steht es mit dem Mißverständnis *des spirituellen Menschen,* der die Theologie oft für überflüssig und für seinen Glauben schädlich hält. Daß gerade der spirituelle Mensch eine gute Theologie

braucht, wenn er nicht Trugbildern nachrennen oder einem schlimmen Selbstbetrug erliegen will, ist unter dem Stichwort «Unterscheidung der Geister» besonders zu betonen.

– Vor allem aber leidet die Theologie unter dem Mißverständnis *der Theologen selbst,* von denen viele unmerklich der *Verselbständigung des Denkens* verfallen, die die abendländische Kultur an den Abgrund der Vernichtung geführt hat.

Dem gegenüber ist zu fragen, ob sich die Theologie nicht *ganz allgemein als spirituelle Theologie* begreifen lernen muß. Ich meine damit folgendes:

a) Durch die Theologie wird Gott, Jesus Christus, das Wort, das Sakrament usw. zur *Substanz des Denkens,* zu einem inneren und leidenschaftlichen Moment des Verstehens. Ich brauche hier bewußt fast die gleiche Formulierung wie oben bei der Umschreibung der Spiritualität, um zu zeigen, daß sich Theologie zur Spiritualität verhält wie der Teil zum Ganzen. Auf jeden Fall steht Theologie *auf der Seite der Spiritualität* und nicht so sehr auf der Seite des modernen Wissenschaftsbegriffes. Denn wie sollte Unvoreingenommenheit, Distanz zum Objekt möglich sein, wenn dieses Objekt Gott selbst ist? Hier gilt das Wort Leszek Kolakowskis: «Wenn der Glaube mit der Wissenschaft wetteifern und ihre Kriterien benutzen will, ist er dazu verdammt, eine Pseudo-Wissenschaft zu werden.» Wenn Theologie eine Wissenschaft ist, dann aufgrund von eigenen Kriterien und innerhalb einer eigenständigen Logik des Glaubens.

b) Innerhalb der jüdisch-christlichen Tradition ist der Gott, mit dem sich die Theologie beschäftigt, Subjekt und Objekt der Geschichte. Er vermittelt sich nicht nur über die Erfahrung des Volkes Israel und der Kirche, sondern erleidet auch – Paradox des Glaubens! – in der Lebensgeschichte Jesu die Geschichte als Geschick. Darum ist unsere Theologie weitgehend auf die *historisch-kritische Methode angewiesen,* durch die der geschichtsmächtige und der dem Geschick unterworfene Gott erst recht als Gegenstand des glaubenden Denkens ansichtig wird. Es ist darum verständlich, wenn die Tradition die Theologie dem historischen Bemühen nachordnet. Zuerst muß man das historische Faktum feststellen (= «sensus litteralis»). Erst in einem zweiten Elan kann man dann fragen, was das für das glaubende Denken (= «sensus allegoricus»), für die sittliche Praxis (= «sensus moralis») und für die konkrete Erfahrung (= «sensus anagogicus») bedeutet. Das glaubende Denken, die sittliche Praxis und die konkrete Erfahrung machen insgesamt die Spiritualität aus, die geistliche Explikation (= «sensus spiritualis»), die «existenziale Interpretation», um es mit R. Bultmann zu sagen.

c) Dabei muß dem wissenschafttreibenden Subjekt, dem Historiker bzw. dem Theologen, besondere Beachtung geschenkt werden. Denn unterdessen hat sich als unumstößliche Erkenntnis herauskristallisiert, daß es eine voraussetzungslose, also rein objektive Wissenschaft nicht gibt. «Die verschiedenen Bilder des «historischen Jesus»», wie sie die verschiedenen Theologien darstellten, «ließen in ihrer Widersprüchlichkeit erkennen, daß man sich insgesamt über das Wesen der verwandten Methode keineswegs im klaren war; vielmehr zeigte das entdeckte Bild sehr oft eindeutig die Züge des angeblich voraussetzungslos Forschenden» (H. Peukert 25). Es gehört also zur Redlichkeit des Wissenschaftlers, sich über die *individuellen und gesellschaftlichen Voraussetzungen* seiner wissenschaftlichen Annäherung an die Epiphanie Gottes in der Geschichte klar zu werden. In meinem Buch über die «Selbstverwirklichung des Christen» nenne ich diese Voraussetzungen «Brillen»: asketische, platonische, spiritualistische, materialistische, hierarchisch-priesterliche, patriarchalische bzw. feministische, tiefenpsychologische, historisch-kritische, soziologische, geistliche. ... Vielleicht darf ich hier und heute hinzufügen: katholische, protestantische usw. Es ist klar, daß die Armen von Lyon und Franz von Assisi die biblische Geschichte von der erfolglosen Berufung eines reichen jungen Mannes (Mk 10) anders verstehen als etwa ein reformierter Pfarrer, der eventuell immer noch der Meinung ist, daß die Summe des Geldes und die Größe des wirtschaftlichen Erfolges der sichtbare Ausdruck der göttlichen Zuwendung sei. Mit anderen Worten: Die bereits gemachten spirituellen Erfahrungen – ob in der Gemeinschaft mit den Ärmsten der Armen oder innerhalb einer selbstgenügsamen bürgerlichen Gemeinde – lassen das Objekt des theologischen Denkens in einem jeweils verschiedenen Licht erscheinen. Man kann auch sagen: Die spirituelle Grundentscheidung bestimmt das Ergebnis des wissenschaftlichen Denkens mit.

d) Angesichts der offensichtlich verschiedenen Perspektiven, die in die Wissenschaft des Wissenschaftlers eingehen, wird der Dialog als weiteres spirituelles Bemühen zur unbedingten Notwendigkeit. Theologie als größtmögliche Annäherung an das Objekt des glaubenden Denkens ist erst denkbar als Ergebnis innerkirchlicher Kommunikation, dieser Wirkung des Heiligen Geistes, wie sie eine der Grußformeln des erneuerten katholischen Ritus darstellt.

Ein von mir herausgegebenes Buch von C. B. Langemeyer zeigt, wie ein Theologe mit den verschiedenen Perspektiven umgehen kann. Verschiedene an und für sich unvereinbare Perspektiven der Ehe werden beschrieben: sie streben aufeinander zu oder voneinander weg; bald gelingt es der einen, alle anderen zu integrieren, bald tritt ein plötzlicher Perspektivenwechsel ein, um zu einer neuen Gesamtinterpretation zu führen. Was einem einzelnen Theologen gelingt, müßte eigentlich unter Theologen auch möglich sein. Ein Theologe, der sich im eigenen Denken verstrickt statt sich zu öffnen für die anderen Perspektiven, scheint mir kein Theologe mehr zu sein.

e) Wenn man die theologischen Werke ein wenig überblickt, hat man den Eindruck, daß sich die meisten in der Analyse von Details und in rein begrifflicher Darstellung verausgaben.

Nun muß man sich die Frage stellen, ob das die einzige Art und Weise ist, wie man sich dem Objekt des glaubenden Denkens annähern kann. Denn an und für sich müßte ja bereits die Theologie aus sich heraus zur Erkenntnis führen, daß sich Gott einem rein *analytischen und begrifflichen Denken* entzieht: Gott läßt sich weder analysieren noch begreifen; ein begriffener Gott ist kein Gott. Das gilt nicht nur für Gott an sich, sondern auch für die Phänomene seiner Ephiphanie in der Geschichte. Schon von daher muß sich das denkende Bemühen um Gott relativieren.

Aber auch vom Menschen her ist die exklusiv analytisch-begriffliche Theologie zu kritisieren. So wichtig und so nützlich sie ist, sie entspricht nur halb den menschlichen Bedingungen des Denkens. Das ist wörtlich zu nehmen. Denn das analytisch-begriffliche Denken hat, wie man bei P. Watzlawick nachlesen kann, seinen Sitz nur in der einen Hälfte des Gehirns. In der anderen Hälfte ist *das bildhafte, symbolisch-intuitiv-ganzheitliche Denken* verwurzelt. Muß nicht gerade das theologische Denken diese andere Hälfte der Denkfähigkeit aktivieren? Müßten nicht Begegnungs- und Darstellungsweisen gefunden werden, die den ganzen Ernst theologischen Bemühens aufscheinen lassen? Ist die Absolutsetzung des Analytisch-Begrifflichen in der Theologie nicht Hybris? Könnte man nicht die beiden Gehirnhälften abwechslungsweise blockieren bzw. aktivieren und so zu viel tieferen und faszinierenderen Ergebnissen kommen – nach einer Methode, die erst noch zu erfinden wäre?

Und müßte die Vermittlung des Erkannten nicht eine rein begriffliche Darstellung immer wieder überschreiten? Das sind bloß einige Fragen, über die nachzudenken sich lohnt.

Aus diesem Grunde gehören Meditation und Symbolfeier zum integrierenden Bestandteil des Lehr- und Lernprozesses, wie wir ihn an unserem Institut für Spiritualität in Münster versuchen.

Eine solche Auffassung sucht *die Nähe zur Kunst als Begegnungs- und Darstellungsmethode.* Dazu zwei Beispiele: Ich kann mich noch gut erinnern, welchen Eindruck ein Gedicht von Christopher William Jones – ich weiß leider nicht mehr, woher ich es habe – in England auf mich gemacht hat. Ich habe es dann später übersetzt:

«Fürchte dich nicht vor IHM
ER ist ein altes Weib
voller Runzeln und Dreck
und stinkt nach Wein
Er trägt ein zerfetztes Kleid
eine zerschlissene Handtasche
und raucht eine selbstgedrehte Zigarette
Fürchte dich nicht vor Seiner Sprache
Fürchte dich nicht vor Seinem Aussehen
Fürchte dich nicht vor Seinem Gestank
ER ist dein Gott»

Ich denke, daß dieses Gedicht viel mehr als eine Abhandlung das Paradox unseres Glaubens und seinen revolutionären Gehalt zum Ausdruck bringt. Ein solches Gedicht kann tragen, wie ich selbst erfahren habe, unter anderem gerade in der Situation, als ich mich der ekelerregenden Begegnung mit einer Alkoholikerin überlassen mußte.

Ähnliches zeigt der in der Schweiz bekanntgewordene Fahrner-Prozeß. K. Fahrner hatte in einer Kunstausstellung sein Bild gezeigt, «Gekreuzigte Frau dieser Zeit», eine nackte Frau am Kreuz, was die Bevölkerung schockiert und dem Künstler einen Prozeß wegen Verletzung religiöser Gefühle eingebracht hat. Dazu hat D. Mieth – meines Erachtens zu Recht – geschrieben: «Wer das Kreuz nicht mehr als Provokation und als Skandal erfaßt, verunehrt es. Und in diesem Sinne wird das Kreuz durch ein gewisses ‹Durchschnittsempfinden› fortwährend verunglimpft. Denn in diesem Bewußtsein ist das Kreuz kein Zeichen der Erniedrigung des Menschen mehr, an der Gott teilnimmt, sondern ein Zeichen des Wachstums der Erhöhung aus kleinen Anfängen. Die Symbolik des Gleichnisses vom Senfkorn, das zum Baum wird (vgl. Mt 13,31ff), wird statt zum Zuspruch in der drohenden Verzweiflung zur satten Selbstbestätigung des ‹christlichen› Imperiums (...). Eine Provokation des ‹Durchschnittsempfindens› der Gläubigen sollte im Grunde jede Predigt versuchen, will sie nicht zum sonntäglichen Gesinnungsaperitiv herabsinken» (D. Mieth). Ich meine, daß das auch für die wissenschaftliche Produktion gilt, die leider oft das Spiegelbild einer kraft- und saftlosen Religion ist.

Dies und anderes wäre zu bedenken, um die Theologie selbst als Ausdruck der Spiritualität zu erfahren. Auf der anderen Seite ist eine *kritische Spiritualität* ein ebenso dringliches Postulat. Darin hat die Theologie ein eigenes Gewicht und steht der Spiritualität gegenüber. Dazu folgendes:

a) Es gibt eine *Theologie der Spiritualität:* alles, was in den spirituellen Bereich fällt, kann sich selbst bewußt werden. Sich selbst bewußt über das zu beugen, was man denkt, lebt und erfährt, Re-flexion also, gehört zum Wesen unseres Menschseins. Und daß man das methodisch und systematisch tut, ebenso. Man muß sich nur bewußt sein, daß man dann nicht außerhalb der Spiritualität steht, sondern sich immer noch innerhalb derselben bewegt.

b) Schon in neutestamentlicher Zeit hat man erkannt, daß sich die Spiritualität unmerklich vom historischen Grund des Glaubens entfernen und sich verselbständigen kann. Und auch im Laufe der Kirchengeschichte blieb die Gefahr immer aktuell, sich als einzelner oder als Gruppe gottunmitelbar zu verstehen bzw. christliche Existenz gnostisch mißzuverstehen. So mußte sich Augustinus mit den südgallischen Mönchen auseinandersetzen, ebenso wie später Martin Luther mit den Schwarmgeistern. Die Rückbindung der Spiritualität an den objektiven, historischen Grund ist Aufgabe der Theologie ganz allgemein und der *«Unterscheidung der Geister»* im besonderen. Es gibt keine christliche Spiritualität, wenn sie sich nicht zurückgebunden weiß an den Grund, der gelegt ist: Jesus von Nazaret und seine «Sache», das Reich Gottes.

2. Strukturen der christlichen Spiritualität

Da Sie sich im Anschluß an den Artikel von J. Schlageter Gedanken zum Thema «Unterscheidung der Geister» gemacht haben, brauche ich nicht mehr weiter darauf einzugehen. Dafür möchte ich etwas zu den Strukturen der christlichen Spiritualität sagen, wie sie sich mir im Laufe der letzten Jahre aufgedrängt haben, auch in der Begegnung mit dem Grund, den niemand anders legen darf: Jesus Christus. Ich glaube, daß wir hier noch sehr viel glaubende Intuition und Reflexion brauchen, um zu verstehen, was wir bekennen: «Gott ist Fleisch geworden!» Einige Entfaltungen möchte ich im Hinblick auf unsere christliche Spiritualität im folgenden darstellen.

2.1 Einheit von Mystik und Politik

Ich weiß, daß gegenüber beiden Begriffen viel Widerstand besteht. Für mich sind beide Begriffe umfassender, als sie üblicherweise gebraucht werden. «Mystik» steht für das unmittelbare Begegnen und Erleben Gottes, für den spezifisch religiösen Vollzug, während «Politik» gebraucht wird für das gestaltende Ausgreifen auf die soziale Umwelt.

Viele erfahren diese beiden Bereiche als Gegensätze, die sich gegenseitig ausschließen. Die Geschichte der Mystik könnte jedoch zeigen, daß sich gerade die größten Mystiker auch im politischen Bereich auf eine erstaunliche Weise entfaltet haben. Aber auch meine eigene Erfahrung zeigt eine zunehmende Konvergenz der beiden Bereiche. Ich glaube, daß ich heute «frömmer» bin als vor zehn oder zwanzig Jahren. Das hat mich aber nicht vom politischen Bereich entfernt, sondern gleichermaßen politischer gemacht.

Ich möchte die Einheit von Mystik und Politik am Thema «Eucharistie als Lebensform» aufzeigen. Mir scheint, daß es so etwas wie ein *biblisches Strukturelement* gibt, das diese Einheit unterstreicht:

– Nehmen wir z.B. Lk 22,14-27. Lukas hat hier in seiner redaktionellen Arbeit den Rangstreit der Jünger, der bei den anderen Evangelisten an einer anderen Stelle steht, in den Abendmahlssaal verlegt. Mit anderen Worten: Die mystische Dimension, der ausdrücklich religiöse Vollzug des Abendmahles, hat eine politische Dimension. Wer also Eucharistie feiert, muß die Gemeinschaft, in der er lebt, radikal anders, als es in der Gesellschaft üblich ist, gestalten: nicht hierarchisch, sondern herrschaftsfrei, nicht klerikalisch, sondern brüderlich, nicht nach Vorstellung von Macht, Privileg und Monopol, sondern aufgrund von Hingabe und selbstlosem Dienst.

– Ähnlich 1Kor 11,17-34. Auch Paulus verschränkt hier die mystische und die politische Dimension: Wer Eucharistie feiert, kann es nur, wenn er 1. das Gegeneinander innerhalb der Gemeinde überwindet und 2. die sozialen Gegensätze – arm/reich – aufhebt zugunsten der Koinonia, einer brüderlich/schwesterlich teilenden Gemeinschaft.

Ich könnte jetzt fortfahren und viele Perikopen anführen, die in ihrer redaktionellen Verschränkung oder in ihrer direkten Aussage dieses Ineinander von Mystik und Politik unterstreichen. Man sage nicht, das gelte nur innerhalb der christlichen Gemeinde. Diese ist ja nicht eine Gettogemeinde, sondern in der Tendenz die universale Heilsgemeinschaft. Und die Eucharistie ist ja nicht die symbolische Feier einer für sich selbst existierenden Gruppe, sondern das über sich selbst hinausweisende Symbol der universalen Tischgemeinschaft (vgl. Lk 14,15-24).

Ich denke, wer sich nur mystisch oder nur politisch verstehen will, kann nicht ernstlich von sich behaupten, eine Spiritualität zu vertreten, die auf dem historischen Fundament aufruht.

Es gibt von alters her den «evangelischen Rat» der Armut. Ich weiß, daß M. Luther gegen das Konzept der evangelischen Räte zu Feld gezogen ist – wie mir scheint zu Recht. Mein Mitbruder T. Matura hat neuerdings in einem kleinen Buch verschiedene Argumente gegen diese tausendjährige Tradition angeführt: 1. Das Konzept der «evangelischen Räte» reduziert den evangelischen Radikalismus auf bloß drei Punkte, wo er doch viel breiter angelegt ist. 2. Dieses Konzept unterscheidet auf unzulässige Weise zwischen alle verpflichtenden Geboten und freien, aber nicht allgemeinverpflichtenden Räten. 3. Dieses Konzept monopolisiert den Radikalismus des Evangeliums für einen bestimmten Stand. Diese und andere Gründe werden also durchaus auch von katholischer Seite angeführt. Freilich wird der radikale Lebensentwurf, der eigentlich hinter dem Konzept der evangelischen Räte steht, nicht aufgegeben. Die Tragik dieses Konzeptes liegt nun gerade darin, daß es die eben aufgezeigte Verschränkung von Mystik und Politik aus dem Auge verloren hat. Dabei ist es das Merkmal gerade der spirituellen Aufbrüche im Laufe der Kirchengeschichte, daß sie diese Einheit von Gottbegegnung und sozialer Realität zurückgewonnen haben.

Man kann eigentlich alle «Mysterien» des Christentums: Inkarnation, Kreuz, Auferstehung usw. unter diese Gesamtperspektive stellen. Ich habe das einmal in einer abendlichen Vorlesung an der Universität Freiburg/Br. versucht unter dem Titel: «Der arme Gott. Zur Verkündigung des Franz von Assisi.» Ich habe bei den Studenten sichtbares Erstaunen und große Verwunderung und gleichzeitig tiefe Betroffenheit feststellen können.

Als Ausdruck dieses Grundelementes christlicher Spiritualität lese ich den Abschnitt «Der Standpunkt Gottes» aus meinem Buch «Selbstverwirklichung des Christen»:

> «Viele Texte des Neuen Testamentes könnten vorgestellt werden, in denen versucht wird, das Geheimnis Gottes vom Standpunkt der Armen aus neu zu verstehen. Ausgehend von den Erfahrungen, welche die Jünger mit Jesus, vor allem mit seiner Ermordung gemacht haben, wird bereits die Kindheitsgeschichte in dieses Licht gerückt. Es ist nicht verwunderlich, wenn sich vor allem

Lukas, der ja in besonderer Weise den Armen zugewandt ist, sich darin hervortut. Wie ein Gegensatz zum durchorganisierten Staat des Kaisers Augustus (vgl. Lk 2,1-3) erscheint die Geburt Jesu: ‹Sie gebar ihren Sohn, den Erstgeborenen. Sie wickelte ihn in Windeln und legte ihn in eine Krippe, weil in der Herberge kein Platz für sie war› (2,7). Eine spätere Zeit, auch Franz von Assisi, wird noch den Ausdruck ‹unterwegs für uns geboren› vorausschicken, um gleichsam deutlich zu machen, daß man die Rede von der Krippe ebenso wenig verniedlichen darf wie die Rede vom Kreuz.

Gott tritt in die Geschichte ein, um einen neuen Standpunkt zu vertreten, der so radikal neu ist, daß er eigentlich alles über den Haufen werfen müßte: unser Denken, unser Mitgefühl, unsere Sprache und nicht zuletzt auch unser soziales und politisches Verhalten.

Unterwegs geboren! Haben wir wirklich begriffen, was hier geschehen ist? Eine improvisierte Geburt – und das für den Sohn Gottes: sozusagen am Straßenrand kommt Jesus zur Welt.

In die Krippe gelegt! Haben wir es wirklich begriffen, was hier geschehen ist? Eine so gar nicht menschliche Geburt – und das für den Sohn Gottes: sozusagen im Futtertrog, unter animalischen Bedingungen kommt Jesus zur Welt.

Weil in er Herberge kein Platz mehr war! Haben wir es wirklich begriffen, was hier geschehen ist? Eine ganz und gar nicht willkommene Geburt – und das für den Sohn Gottes: sozusagen außerhalb aller gesellschaftlich akzeptierten Normen kommt Jesus zur Welt.

Gott steht auf der Seite derer, die unterwegs sind, die nirgendwo zu Hause sind, entwurzelt, verbannt, auf die Straßen der Welt geschickt. Er steht nicht nur auf ihrer Seite, er ist selber einer von ihnen.

Gott steht auf der Seite derer, die in menschenunwürdigen Verhältnissen leben und sterben, in Armut und Elend, in Hunger und Not. Er steht nicht nur auf ihrer Seite, sondern ist selber einer von ihnen.

Gott steht auf der Seite derer, für die man keinen Platz hat: die Alten, die Ungeborenen, die Verachteten, Geopferten, Verstoßenen, Aussätzigen und die an den Rand Gedrängten. Er ist nicht nur auf ihrer Seite, sondern ist selber einer von ihnen.

Das ist der Standpunkt, den Gott in Jesus Christus einnimmt. Jesus vertritt ihn in seinem kurzen Leben: er steht auf der Seite des

Kindes, der Frau, des niederen Volkes, der Mundtotgemachten und Kleingehaltenen, der als Säufer und Fresser Verschrieenen, der Sünder und Zöllner, der Dirnen, der Blinden und Lahmen, der seelisch und körperlich Leidenden, der Verängstigten und Verzweifelten. Und weil er diesen Standpunkt konsequent vertritt, hängen ihn die Mächtigen der Welt an den Schandpfahl und bestätigen damit nur, daß Gott nicht auf ihrer Seite steht, sondern auf der Seite der von ihnen Geopferten und Ermordeten» (104-106).

Soweit der Text. Was hier gesagt ist, gehört – trotz der gegenteiligen Aussagen von Anton Mayer – auch zur zentralen Aussage des Lukasevangeliums. Aber nicht bloß des Lukas, sondern zum zentralen Verkündigungsgehalt der biblischen Botschaft. Und es konstitutiert z.B. die paulinische Gemeinde in Korinth. Sie besteht hauptsächlich aus Menschen, die nichts gelten, in der Ökonomie Korinths nichts nützen und in der Gesellschaft keine politische Bedeutung haben. Sie sind «Nichts», um die Wahrheit zu sagen. Aber gerade dieses Nichts, diese gesellschaftliche Ohnmacht hat Gott erwählt. Sichtbarer Ausdruck und religiöses Symbol für diese «Hochzeit» des armen Gottes mit den Armen ist das *Kreuz* (vgl. 1Kor 1,18-31).

Angesichts der Tatsache, daß sich Gott mit den politisch-ökonomisch-gesellschaftlich Benachteiligten verbindet, und zwar als konstantes Strukturelement der biblischen Botschaft, muß das christliche Leben von der Parteinahme für die Armen geprägt sein. Alle Kräfte des Denkens, des Handelns, der Erfahrung müssen mobilisiert werden, um diese Bewegung Gottes auf die Armen hin nachzuvollziehen.

– des *Denkens:* Es gibt einen alten Grundsatz in einem benediktinischen Regelkommentar: «in mente debet praeponi pauper diviti»: Die Armen müssen im Denken der Menschen Priorität haben.

– des *Handelns:* Es geht wirklich darum, daß effektiv für die Armen gehandelt wird in Caritas, Diakonie, Politik usw.

– der *Erfahrung:* Letztlich genügt es nicht, nur im Hinblick auf die Armen zu denken oder für sie zu handeln. Das Phänomen der Armut kann intellektuell nicht erfaßt und handelnd nicht bewältigt werden, wenn man nicht irgendwie selbst arm unter den Armen wird. Hier möchte ich ausdrücklich auf die Erfahrungen von B. Charlemagne hinweisen, einem Kapuziner, der seit vielen Jahren u.a. als Obdachloser lebt.

2.3 Das Kreuz und das Unterscheidend-Christliche

Schon mehrfach habe ich in meinen bisherigen Ausführungen das Kreuz erwähnt. Auch das Kreuz gehört zum Grundbestand des christlichen Lebens.

Hier gilt es, von einer bloß asketischen Lesart des Symbols «Kreuz» wegzukommen. Man muß sich in Erinnerung rufen:

– daß das Kreuz eine *Hinrichtungsart* war, also den gewaltsamen Tod eines Unschuldigen bedeutet. Hier stirbt jemand nicht eines natürlichen Todes, sondern an den Folgen seines Einsatzes für die Sache Gottes; und diese Sache ist die Verkündigung des Evangeliums an die Armen (vgl. Lk 4,18);

– daß Jesus auch für den Jünger das Kreuz voraussieht: Wer Jesus in seinem Einsatz für die Sache Gottes nachfolgt und seine Sendung ernst nimmt, muß mit dem gleichen Schicksal, also dem *gewaltsamen Tod* rechnen (vgl. Mt 10,37-39).

Das Kreuz ist das Symbol für das Unterscheidend-Christliche. Christliches Leben kann nicht einfach identisch sein mit dem bürgerlichen Leben in der Welt. Es muß etwas von der dynamischen Kraft in sich haben, welche das Jetzt auf die Zukunft hin, diese Welt auf das Reich Gottes hin öffnet. Und hier muß es zum Konflikt des Christen mit der Welt kommen, so lange diese Welt nicht das Reich Gottes ist. Dieser Konflikt kann auch tödlich sein, wie mir in der Kapelle der modernen Märtyrer aufgegangen ist, die in der Kathedrale von Canterbury eingerichtet ist und die mich seit meinem Besuch dort nicht mehr losgelassen hat. Martin Luther King, Mahatma Gandhi, Dietrich Bonhoeffer, Maximilian Kolbe, Erzbischof Romero und viele andere bezeugen, daß das Martyrium die bleibende Möglichkeit dessen ist, der sein Christsein ernst nimmt. Erst seit dieser Begegnung mit den aktuellen Märtyrern, die alle in einem Konflikt mit dem Staat bzw. der Gesellschaft standen, ist mir aufgegangen, warum Franziskus und seine Brüder in Europa und bei den Mohammedanern mit dem Kreuz im Sinne des Martyriums gerechnet haben (vgl. A.R.: «Das Kreuz als Lebensform»).

Wiederum läßt sich hier erahnen, wie Mystik und Politik zusammenfallen. Mein Mitbruder L. Boff schildert die Ermordung Romeros wie folgt: «Den Kelch hält er gerade zum Himmel empor. Ein schrecklicher Knall. Der Erzbischof fällt schwer hintenüber. Ein Explosivgeschoß hat ihm die Brust aufgerissen. Das Blut des göttlichen Opfers vermischt sich mit dem Blut des menschlichen Opfers. Besiegelt ist der Bund der wahren, zugleich geschichtlichen und transzendenten Befreiung. Zu Füßen eines riesigen Kreuzes stirbt Oskar Arnulfo Romero, Erzbischof von San Salvador, Hauptstadt des kleinen mittelamerikanischen Landes El Salvador, am 24. März 1980, um 18 Uhr. Er feierte gerade die Jahresmesse des Todestages seiner eigenen Mutter» («Aus dem Tal» 139).

Mit diesem Zitat möchte ich allerdings nicht sagen, daß sich nur in Lateinamerika zeigt, was hier gemeint ist. Auch nicht, daß wir in Europa südamerikanische Verhältnisse haben. Aber ich bin entschieden der Meinung, daß das Leben der Christen in der Bundesrepublik und in Mitteleuropa zu angepaßt ist. Ihr Denken ist allzuoft die Wiederholung des Denkens einer politischen Partei, ihr Leben allzuoft identisch mit einem kleinbürgerlichen Lebensstil, ihre Religion vielfach eine Religion der Belanglosigkeiten.

Es geht mir selber gegen den Strich, aber ich muß es sagen: Das Kreuz verweist uns bleibend auf das Durchkreuzt-Werden, auf Widerstand und Konflikt, auf die Notwendigkeit, für die Gedanken Gottes Zeugnis zu geben, die nicht die Gedanken der Menschen sind.

2.4 Die Kirche als Ort christlicher Existenz

Ein ganz anderes Strukturelement christlicher Existenz ist ihre ekklesiale Dimension. Schon nach Paulus gehört die Kirchlichkeit zu den Kriterien der christlichen Spiritualität: Ob ein Gedanke, eine individuelle Erkenntnis oder Gabe vom Heiligen Geist stammt, zeigt sich daran, ob er/sie dem Frieden dient, der Einheit, ob er/sie die Gemeinde aufbaut.

Es gibt kein individuelles Christentum. Nicht nur erscheint uns Jesus Christus im Spiegel des gemeinsamen Glaubens der Urkirche, nicht nur ergibt sich die Wahrheit über Christus aufgrund kirchlicher Kommunikation, sondern Spiritualität sucht sich einen Ort, wo sie sich empfangen, entfalten, konkretisieren und festigen kann. Das ist die Gruppe, die Gemeinde, die christliche Gemeinschaft, der Kirche.

Eigentlich gehört das zu den Selbstverständlichkeiten. Aber angesichts einiger moderner Tendenzen muß das besonders betont werden.

Dabei möchte ich gerne zugeben, daß ich persönlich mit meiner Kirche Probleme habe, weil sie mir zu wenig spirituelle Kirche, zu wenig von den drei vorausgehenden Perspektiven der Spiritualität geprägt ist. Vor allem sind es gewisse Amtsträger, die mir diesbezüglich Mühe machen. Trotzdem glaube ich, daß es für mich keine andere Möglichkeit meines Christseins als die kirchliche gibt.

Keine Schwierigkeiten habe ich hingegen mit meinem Orden. Ich erlebe ihn als tragenden Boden und als Ort, wo ich angenommen bin und wo ich meine Auffassungen einbringen kann.

Schluß

Ich möchte zum Schluß kommen.

Sie haben mir noch zwei weitere Themen gestellt: Phänomene der Spiritualität und Einübung in die Spiritualität. Aber abgesehen davon, daß darüber wohl besser in der ausgiebig zur Verfügung stehenden Zeit diskutiert und informiert werden kann, habe ich bisher das eine oder andere schon mitgesagt: So glaube ich, daß die genannten Strukturen der christlichen Spiritualität geeignet sind, heutige Phänomene der Spiritualität kritisch anzuschauen, nicht um über sie den Stab zu brechen – wer dürfte das wagen? –, sondern um aufmerksam zu machen auf die notwendige Ergänzung, derer sie bedürfen, und auf ihre Verwiesenheit auf den kirchlichen Raum, in dem die verschiedenen Einseitigkeiten ausgeglichen werden. Auch über die Einübung habe ich im Zusammenhang mit der Nähe zur Kunst und zum ganzheitlichen Denken einiges angedeutet. Noch lange nicht genug: Z.B. geht mir immer mehr auf, daß sich das kontemplative Gebet nur in einer zeitlichen Erstreckung (mindestens eine Stunde!) entfalten kann und also lange Gebetszeiten voraussetzt; oder daß ein Symbol selbstverständlich auch seine Voraussetzungen hat usw.

Vielleicht darf ich ganz zum Schluß darauf hinweisen, daß ich über beide Aspekte je ein Buch, Seminar Spiritualität 2 und 4, herausgegeben habe und daß man in meinem letzten Buch, «Selbstverwirklichung», speziell auch über «Einübung» einiges nachlesen kann.

Ändert sich der Glaube?

Vortrag vor dem Deutschfreiburger Laienrat (1970)

Gerade ältere Leute unter uns, aber durchaus nicht bloß sie, haben den Eindruck, als ob heute ein anderer Glaube verkündet würde als der, den sie im Katechismusunterricht lernen mußten. Wenn sich der Glaube geändert hat, welcher Glaube ist dann der richtige, der heutige oder derjenige vor zehn, zwanzig oder dreißig Jahren? Und wer sagt mir, daß der heutige in ein paar Jahren nicht auch wieder überholt sein wird? Ist es dann nicht besser, überhaupt alles über Bord zu werfen? Und wer gibt überhaupt der Kirche das Recht, heute so zu lehren und morgen anders? Das sind gewiß nicht Fragen, die aus einer Gelehrtenstube kommen. Es sind vielmehr Fragen, die von so vielen Leuten stammen, die weder ein noch aus wissen und die sich überdies durch Pfarrer und Theologen genarrt fühlen. Die folgenden Ausführungen werden hoffentlich etwas zur Entwirrung der Not der modernen Menschen beitragen.

1. Zum Wesen des Glaubens

Was ist das «Glauben»? Ist er so etwas wie ein paar greifbare Sätze, die von Generation zu Generation weitergegeben werden? Ein Bündel Dogmen, das unabhängig vom Menschen besteht und fein säuberlich zugeschnürt von Hand zu Hand gereicht wird? Ist das nicht eigentlich die Vorstellung vom Wesen des Glaubens, wie sie in den vorher genannten Fragen zum Ausdruck kommt? Dieser Vorstellung wurde durch die früheren Katechismen Vorschub geleistet, wonach Glauben das Für-wahr-Halten der Wahrheiten ist, die von der Kirche zu glauben vorgestellt werden. Das ist bestimmt nicht falsch, aber bloß *ein* Element des Glaubens. Es wird dann falsch, wenn plötzlich nur noch dieser Teilausschnitt gesehen wird, wenn der Teil zum Ganzen wird.

Aber was ist denn das Wesen des Glaubens? Zwei einander zugeordnete Gedanken müssen formuliert werden:

1.1 Der Glaube ist eine Grundentscheidung des Menschen

Er ist eine Entscheidung zur Wirklichkeit, die weiter geht, als man sehen, errechnen, greifen, messen und beweisen kann. Der Hebräerbrief definiert den Glauben so: Der Glaube ist ein Überzeugtsein, ein Überführtsein von dem, was man nicht sieht (Hebr 11,1). Man könnte auch sagen: Ein Ergriffensein von dem, was uns unbedingt angeht (Tillich). Man wagt einen Sprung in unsichtbare Gefilde. Man gestaltet ein ganzes Leben von der Tiefe des Herzens her, wo allein Glaube möglich ist, auf ein Ziel hin, das sich wissenschaftlichen Überlegungen letztlich entzieht.

Ein solches Ergriffensein war in der Kirche von Anfang an da, heute noch und auch morgen. Eine eigentliche Änderung des so verstandenen Glaubens ist nicht zu verzeichnen und wird es auch nie geben. Das Nichtmehrergriffensein durch Christus wäre der Tod der Kirche, der aber durch Gottes Heiligen Geist verhindert wird. Natürlich gibt es Schwankungen in der Intensität des Glaubens. Es gibt Zeiten, wo die Kirche aus tieferen Tiefen heraus glaubt, und andere, in denen der Glaube nur die oberen Schichten ergreift. Das ist aber nicht eigentlich eine Änderung des Glaubens.

Aber auch der Inhalt des Glaubens, das, wovon die Kirche ergriffen ist, hat sich im Verlaufe der Kirche nicht geändert. Damit sind wir beim zweiten wesentlichen Element des Glaubens angelangt.

1.2 Der Glaube ist das Ergriffensein von der Liebe Gottes

Ein ganz einfacher Satz! Wenn ich ihn ein wenig erklärend ausfalten sollte, würde ich es in folgenden drei Sätzen tun:

a) Der Glaubende ist davon ergriffen, daß in und hinter der Welt jemand ist, der jedes einzelne Wesen und die Welt als ganze ins Dasein hält; daß die Welt trotz Katastrophen und Ungerechtigkeiten ein Gegenüber hat, jemanden, der uns anruft und liebt, der sich von uns als Du ansprechen läßt, der aber zu groß ist, als daß er durch menschliches Denken adäquat begriffen werden könnte, der ebenso mit Licht und Finsternis, mit Feuer und Eis, mit Tag und Nacht, mit Vater und Mutter bezeichnet werden kann, der sich erst recht außerhalb der Instrumente und Erkenntnismittel der Naturwissenschaften befindet; daß es ein Du gibt, das also nirgends einzuordnen, überhaupt nicht unter die Dinge dieser Welt einzureihen, total außerhalb der Welt und doch ganz in ihr ist. Diesen ersten Satz könnte man auch so formulieren:

> Ich glaube an Gott, den *Vater*, den Allmächtigen, Schöpfer des Himmels und der Erde.

b) Der Glaubende ist zweitens davon ergriffen, daß sich dieser Gott in einer konkreten Gestalt dieser Welt, in der Person Jesu von Nazaret, dem Tasten, Greifen, Sehen und Hören der Menschen ausgesetzt hat; daß er sich in Jesus Christus als liebende Macht enthüllt hat, die mit dem Menschen Armut, Obdachlosigkeit, Flüchtlingsdasein, Versuchung, Hunger und Durst, Einsamkeit, Todesangst, Leiden und Sterben, kurz: das menschliche Schicksal teilt und der Menschheit in seiner Auferstehung ihre Zukunft ansagt und ermöglicht; daß er gerade deshalb der verborgene und durch nichts definierbare Gott bleibt. Auch diesen Satz kann man anders sagen:

> Ich glaube an Jesus Christus, seinen eingeborenen Sohn, unsern Herrn, empfangen durch den Heiligen Geist, geboren von der Jungfrau Maria, gelitten unter Pontius Pilatus, gekreuzigt, gestorben und begraben, hinabgestiegen in das Reich des Todes,

> am dritten Tage auferstanden von den Toten, aufgefahren in den Himmel; er sitzt zur Rechten Gottes, des allmächtigen Vaters; von dort wird er kommen, zu richten die Lebenden und die Toten.

c) Der Glaubende ist drittens davon ergriffen, daß Jesus Christus für alle Menschen gelebt hat, daß die Liebestat Gottes am Menschen, d.h. Menschwerdung, Kreuz und Auferstehung Christi, allen Menschen und jedem einzelnen zugedacht ist; daß deshalb der Geist Christi in die Herzen der Menschen ausgegossen wird, der sie zu Brüdern und Schwestern, zur Familie macht, die gemeinsam vor Gott steht und der Welt Hoffnung zu geben hat. Dieser Satz ist fast identisch mit dem dritten Teil des Glaubensbekenntnisses:

> Ich glaube an den Heiligen Geist, die heilige katholische Kirche, Gemeinschaft der Heiligen, Vergebung der Sünden, Auferstehung der Toten und das ewige Leben.

Dieses Ergriffensein von der Liebe Gottes ist die Substanz des Christentums, die in der Heiligen Schrift bereits vorhanden ist, sich bis heute durchgehalten hat und morgen und übermorgen das Wesen christlicher Verkündigung ausmachen wird. Alles andere, was wir sonst noch glauben, hat nur dann einen guten Sinn, wenn es diese drei Sätze zum Leuchten bringt, wenn es einen Aspekt besonders herausstellt oder eine Konsequenz daraus ist. Damit sind wir bereits bei der Geschichtlichkeit des Glaubens angelangt.

2. Geschichtlichkeit des Glaubens

So sehr uns nämlich einleuchtet, daß die genannten drei Sätze das unverlierbare Glaubensgut der Kirche ausmachen, so sehr ist sicher, daß der Glaube auch gewissen Änderungen unterliegt, besonders wenn wir das populäre Verständnis von Glauben vor Augen haben. Der Glaube ist ja ein Glaube des *Menschen*. Und der Mensch hat ein Gestern, Heute und Morgen, denkt heute so, morgen anders, befindet sich jetzt in dieser, dann in jener Situation. Er ändert sich und mit ihm in gewisser Weise auch der Glaube. Ich möchte ohne großes System einige Gesetze der Geschichtlichkeit des Glaubens anführen und sie da und dort mit Beispielen erläutern.

2.1 Das Gesetz des «Rivestimento»

Es wurde durch Papst Johannes XXIII. auf dem Konzil formuliert und fordert, daß das Wesen des Glaubens in jeder neuen Kulturepoche und für jede Verkündigungssituation *neu einzukleiden* (= rivestire) sei, wenn es überhaupt das Leben der Menschen gestalten will. Ein Beispiel erübrigt sich, nachdem vorhin eigentlich bloß die drei Teile des Glaubensbekenntnisses anders formuliert wurden. Wichtig ist vor allem: Wir sind in der Kirche nicht an gewisse Sätze und Formulierungen gebunden. Wir sind im Gegenteil frei, ja, sogar verpflichtet, immer wieder neu das eine zu sagen, nämlich

daß wir von einem Du geschaffen und gerufen sind,
daß dieses Du ein Menschenantlitz trägt und
daß dieses Du uns zur Gemeinschaft seines Geistes macht.

Das Gesetz des Rivestimento gilt aber auch für die Aspekte und Konsequenzen dieser zentralen Botschaft. Es gibt also eine Änderung in der konkreten Gestalt des Glaubens.

2.2 Das Gesetz des einführenden Geistes

Es ist schon im Neuen Testament grundgelegt: «Er wird euch in alles einführen, was ich euch gesagt habe.» Im Verlaufe der Geschichte ist also mit dem Wirken des Heiligen Geistes im Denken der glaubenden Kirche zu rechnen. Es werden sich Aspekte und Tiefen der Zentralbotschaft ins Bewußtsein der Christen heben, die lange Zeit überhaupt nicht gesehen wurden: z.B. die Dogmen, die Maria und die Kirche betreffen. Sie sind also das Ergebnis des Wirkens des Heiligen Geistes und müssen immer den Kern der christlichen Botschaft mit sich bringen. Eine Änderung also im Wachstum des Glaubensinhaltes.

2.3 Das Gesetz der Relativierung

Dogmen enthalten nach katholischer Auffassung ein Stück Wahrheit, dürfen deshalb nicht absolut gesetzt werden. Man darf durch sie auch nicht so fasziniert werden, daß der Blick für das Ganze verstellt würde. Das sind reelle Gefahren, die in der Kirchengeschichte immer wieder auftraten. Dogmen sind relative Größen (man erschrecke ob dieses Ausdruckes nicht, auch Gott wird ja vom Christen in Relationen gedacht). Gemeint ist folgendes:

- ein Dogma ist offen auf eine bessere Formulierung und auf eine umfassendere Wahrheit hin. Wer dächte zum Beispiel heute noch an das Dogma, wonach der menschliche Körper nur eine Seele hat. Das Dogma betraf eine damals wichtige Randfrage philosophischer Art und ist längst eingeholt in die Erwägungen von der Auferstehung des Fleisches. Änderung des Glaubens also dadurch, daß eine einzelne Wahrheit an Faszination verliert und in die größere Wahrheit untertaucht.
- ein Dogma ist jedoch immer auch auf die Gesamtwahrheit bezogen, kann deshalb durch ein anderes ergänzt und in gewisser Weise korrigiert werden. Z.B. steht heute neben dem Dogma über die Unfehlbarkeit des Papstes die Wahrheit der Unfehlbarkeit der Kirche und des Bischofskollegiums. Änderung des Glaubens also durch Einordnung in die Gesamtwahrheit.

2.4 Das Gesetz einer pastoral ausgerichteten Theologie

Auch dieses Gesetz bekam durch Johannes XXIII. in der Kirche größere Resonanz. Es ist eigentlich nichts anderes als eine Abwandlung des Bibelwortes: «Der Sabbat ist für den Menschen da, nicht der Mensch für den Sabbat.» Leider hat man in den vergangenen Jahrhunderten dieses Wort zu wenig beachtet. Man hat aus der Theologie ein geschlossenes System gemacht, wobei alles für unwahr und für unmöglich erklärt wurde, was außerhalb dieses Systems war. Man hat Prinzipien aufgestellt und die Menschen unter das Joch dieser Prinzipien gestellt. Nun muß man aber gerade den umgekehrten Weg gehen: Der Mensch und seine Erfahrung steht im Vordergrund und muß mit der Theologie konfrontiert werden. In der Urkirche stand zum Beispiel unumstößlich fest: Nur Beschnittene, also Juden, können getauft werden. Man folgerte deshalb über die Köpfe der Menschen hinweg, daß jene, die sich zum Christentum bekehren wollten, zunächst das Judentum anzunehmen hätten. Erst als Petrus durch die Erfahrung vor den Kopf gestoßen wurde, wie die Apostelgeschichte eigens bemerkt, als er sehen mußte, wie der Heilige Geist über die Heiden kam, hat man das Prinzip aufgegeben und die Beschneidung nicht mehr zur Voraussetzung der Taufe gemacht. Aus der jüngeren Kirchengeschichte wäre ein ähnliches Beispiel zu nennen: das Prinzip, es gibt nur eine Kirche und diese ist die römisch-katholische; die Nichtkatholiken sind einzelne, vielleicht gutgläubige Christen, aber keineswegs Kirche. Erst als man die Erfahrung machte von der Wirklichkeit des Geistes Gottes in den nichtkatholischen Gemeinschaften, fand man sich bereit, ihren kirchlichen Charakter anzuerkennen. Änderung des Glaubens also durch andere Umstände und durch die Erfahrung des Geistes Gottes im jeweiligen Menschen.

2.5 Das Gesetz des evangelischen Rekurses

In den letzten Jahrzehnten ist uns immer mehr ins Bewußtsein getreten, daß das Evangelium für den Glauben eine übergeordnete Rolle spielt; daß wir durch alle geschichtlichen Formulierungen und Interpretationen hindurch zu jenen ersten Glaubenszeugnissen zurückkehren müssen, die auch an unser Leben einen normativen Anspruch stellen können. Autorität und Norm für unseren Glauben ist nicht mehr ein großer Theologe oder ein bestimmtes philosophisches System, sondern eben das Evangelium. Als Beispiel für diesen evangelischen Rekurs kann der Wandel im Eucharistieverständnis genannt werden. Änderung also im Sinne eines vertieften Verständnisses.

2.6 Das Gesetz der Wissenschaftlichkeit

Wenn wir nicht gegen die Vernunft glauben sollen, wenn wir unseren Verstand nicht auf dem Altar des Glaubens opfern sollen, wenn wir vielmehr über die Vernunft hinaus – also menschlich, als vernünftige Wesen – glauben sollen, dann gewinnt dieses Gesetz immer größere Bedeutung. Der Glaube hat also nicht die Aufgabe, auch von der Wissenschaft feststellbare Fakten zu schaffen. Was in dieser Welt wirklich geschieht, muß zunächst von der Wissenschaft, der Geschichte, der Archäologie, der Biologie, der Exegese usw. festgestellt werden. Der Glaube gibt diesen von der Wissenschaft festgestellten (oder erst noch festzustellenden) Fakten eine Deutung von der Offenbarung her. Der Glaube ist also nicht gegen die Wissenschaft, setzt die wissenschaftlichen Ergebnisse recht eigentlich voraus, muß also im Bereich der Fakten immer zur Wissenschaft hin offen sein, um durch sie korrigiert zu werden. Da können ganz umstürzende Änderungen im Glaubensbewußtsein eintreten, wie z.B. die Frage um den Anfang der Welt und die Entstehung des Menschen bewiesen haben.

2.7 Das Gesetz der Distanzierung

Wenn man unter Glauben das ganze christliche Leben versteht, wie es sich in Gebet, Schrifttum, Frömmigkeit, gesellschaftlichem Verhalten Ausdruck gibt, dann ist es eine Folge der Konzeption von der Kirche als dem wandernden Gottesvolk, daß die Kirche von Zeit zu Zeit von gewissen Ausdrucksformen Abstand nimmt. Es würde zum Beispiel heute keinem Papst mehr einfallen, Kreuzzugsidee und Inquisition als echten Vollzug des Glaubens zu verstehen, obwohl beides doch bestimmt zum Glauben einer bestimmten Zeit gehörte. Hier könnte man auch gewisse Andachtsformen einordnen.

2.8 Das Gesetz der Pluriformität

Es wurde vor allem durch Paul VI. formuliert und besagt, daß es im geschichtlichen Nacheinander, aber auch gleichzeitig legitimerweise verschiedene Theologien geben darf. Mit anderen Worten: Menschen dürfen, ohne im Wesentlichen uneins zu sein, aufgrund ihrer Zugehörigkeit zu einer bestimmten Kultur oder aufgrund ihrer Eigenart eine bestimmte Gesamtkonzeption des Glaubens haben. Zum Beispiel unterscheidet sich auch innerhalb der katholischen Kirche der Glaube eines Orientalen von dem eines Abendländers.

Zusammenfassung

Der Glaube ist eine geschichtliche Größe, die gewissen Änderungen und Akzentverschiebungen unterliegt. Das ist für den eine selbstverständliche Sache, der das Wesen der Geschichtlichkeit erfaßt hat. Dabei wird jedoch das Wesen des christlichen Glaubens nicht berührt. Er ist und bleibt die Antwort des ganzen Menschen auf die Liebe Gottes, die uns so unbegreiflich fern und doch zugleich so unvorstellbar viel näher ist, als ich mir selber bin. Verstehen wir doch den Glauben personal als Hingabe des Herzens an den, der sich uns geschenkt hat, an Jesus Christus. Im Blick auf sein Antlitz erscheinen die Zweifel so vieler Menschen so peripher, so nebensächlich und oberflächlich. Wenn man sich draußen, an der Peripherie ansiedelt, d.h. über einzelne Dogmen oder über bestimmte Formen der Disziplin (Zölibat, Handkommunion) stolpert, dabei alles wanken sieht, dann muß einfach gesagt werden, daß man sich umsiedeln muß, daß man sich in der Person Jesu Christi verankern muß. Von ihm her gewinnen wir Hoffnung, von ihm her auch die einzig richtige Sicht des Glaubens.

Gebet und Realität

Vortrag im Franz-Hilze-Haus Münster (1987)

Der Atem Gottes lebt im Menschen, diesem Stück Erde. Darum muß auch das Gebet erdhaft sein, wirklichkeitsbezogen. Darum können folgende Aspekte und Intentionen des Gebetes herausgestellt werden.

1. In eine offene Zukunft gestellt: Das Gebet als Frage

Wir leben in einer Welt, in der sich jedes Sicherheitsgefühl und jede Selbstverständlichkeit als trügerisch erweisen.

Nichts ist selbstverständlich: nicht Gott, zu dem ich beten soll; nicht ich, der betet; nicht die Welt, in der ich lebe; nicht die Kirche, der ich angehöre; nicht die Zukunft, auf die wir zugehen...

Wie sollte es noch Eindeutigkeiten und Selbstverständlichkeiten geben in dieser Welt, die möglicherweise durch einen Fehlgriff eines Menschen, durch den Irrsinn eines Verbrechers, durch das Versagen einer technischen Einrichtung ins Nichts zurückstürzen kann? Wie kann man einfach und schlicht Gott als Vater anreden, wo doch die Mehrheit der Menschen hungert und mehr vegetiert als lebt?

In einer solchen Situation wird das Gebet zur Frage: Wer bist Du, Gott? Bist Du überhaupt? Wo finde ich Dich? Unter welchen Bedingungen bist Du zu suchen? Bist Du der Abgrund, in den wir hineinstürzen und in dem wir zerschellen? Oder der Schoß, in dem wir geborgen sind?

Und wer bin ich? Wohin gehen wir? Was ist der Mensch, der solche Macht hat und doch gar nichts tun kann? Welche Kräfte liegen in mir? Sind wir Menschen Deine Gegenspieler? Oder Deine Partner? Welche Fähigkeiten können in uns mobilisiert werden? Welche Substanzen liegen in uns verborgen? Wie können wir sie entdecken? Welche Bedingungen müssen wir erfüllen, damit wir unser eigentliches Wesen finden?

Und was ist das Ziel der Menschheit? Welches ist der Sinn, den wir alle zu ergreifen haben? Wo können wir ihn erfahren? Was müssen wir tun, um das Ziel nicht zu verfehlen? Welche Geschichte liegt noch vor uns?

Solche Fragen können, ja müssen bohrend sein, eindringlich, nahezu rebellisch. In meinem Gebetbuch («Gott, der mich atmen läßt») habe ich solche Fragen immer wieder gestellt: «Warum habe ich zu essen und andere nicht? Warum habe ich Arbeit und andere nicht? Warum kann ich lesen und schreiben und andere nicht? Warum habe ich alles und andere nichts? Warum? Ich frage Dich: Wo bist Du, Gott?» (II,16). Dieses Warum kann sich um alles drehen: «Warum diese Schwere in mir? Warum die Nacht um mich? Warum gerade ich? Der Hunger in der Welt – warum? Die Elendsquartiere – warum? Das mißbrauchte Kind – warum? Warum der Krebs? Warum der Tod? Warum die Angst» (II,22). «Wo bist Du, Gott, bei so viel Hunger? Was tust Du, Gott, bei so viel Elend? Wen brauchst Du, Gott, bei so viel Not? Wie hilfst Du, Gott, bei so viel Tod? Warum schweigst Du, Gott, bei so viel Schreien?» (II,23). Gott muß zur Frage werden, wenn der Mensch seine Selbstverständlichkeiten in Frage gestellt sieht: «Du – und die nicht glauben können? Du – und die nicht mehr leben wollen? Du – und die kein Gefühl mehr haben? Du – und die nicht mehr weinen können? Du – und die vor Schmerzen schreien? Du – und deren Beziehungen zerbrochen sind? Du – und die Opfer der Gewalt zu Grabe tragen müssen? Du – und die viel zu viel zum Sterben und zu wenig zum Leben haben? Du – und die mit Raketen spielen? Du – wie soll ich mich festhalten an Dir? Da Du schweigst wie das Grab? Du.» (II,24).

Mir scheint, daß es oft nur noch die Frage ist, die das Unvereinbare miteinander verbindet.

Ich bin überzeugt, daß die Beter glaubwürdiger werden, wenn sie weniger behaupten und dafür mehr fragen. Sie werden umso christlicher, je humaner sie sich geben. Sie öffnen sich für die Zukunft, die nicht ableitbar ist aus unseren menschlichen Vorstellungen. Und sie stellen sich gleichzeitig in den Dienst dieser Zukunft. Nur der fragende Beter bleibt in Bewegung, ist für jede Überraschung gut, fähig zur Umkehr, bereit, die ausgetretenen Pfade zu verlassen und Neuland zu betreten.

Einem Menschen, der sich als Bruder oder Schwester des kleinen «Menschen einer anderen Welt» (1 Cel 82) versteht, steht die Frage als Grundhaltung gut an. Eine Welt, die ihren Sinn nicht in sich selbst findet, muß sich im Fragen für diesen Sinn öffnen. Der Mensch muß immer neu fragen nach dem, was ihn wirklich trägt. Die Frage gehört unabhängig von jeder geschichtlichen Situation zum Wesen des Menschen und darum auch zu seinem Gebet.

Die geschichtliche Situation kann die Frage jedoch noch dringlicher machen. Immer wieder sagt man, daß die Menschheit in eine Krise geraten ist. Das Gebet als Ausdruck der menschlichen Grundbefindlichkeit muß darum etwas von der Krise widerspiegeln, in die wir geraten sind. Gebetssprache ist Krisensprache, die sich vor allem, wenn auch nicht nur im Fragen zeigt, das immer neues Fragen erzeugt.

2. Zum Handeln gedrängt: Das Gebet als Ringen um Erkenntnis

Fragen allein genügt jedoch nicht. Die Erschütterung, welche Franziskus in der Begegnung mit dem Aussätzigen erlebt hat und die sich wohl in eine Fülle von Fragen ergoß, zeigt sich im Gebet in San Damiano: Der Glaube fragt nach seiner Richtigkeit (offenbar hat Franziskus bisher nicht richtig geglaubt), die Hoffnung nach ihrer Gewißheit (offenbar hat er bisher nicht wirklich gehofft), die Liebe nach ihrer Fülle (offenbar hat er nur bruchstückartig geliebt), der ganze Mensch nach Sinn und Erkenntnis (offenbar war sein Leben bisher ohne Sinn und ohne wirkliche Erkenntnis), nach einem Auftrag in der Welt, nach einem konkreten Tun, das Sinn macht und Sinn hat. Die Sinnspitze dieses Gebetes liegt im konkreten Tun. Es gehört zu den Grundüberzeugungen des heiligen Franz, daß Erkenntnis notwendig an das Tun gekettet ist: Nichts versteht der Mensch wirklich, außer er hätte es getan (vgl. LegPer 105). Darum betet Franziskus um einen Auftrag, um etwas, was seine Energie aktiviert und orientiert. Wir wissen, daß er dann zunächst Kirchen restauriert, später Frieden stiftet, arm mit den Armen lebt und allem brüderlich begegnet.

Diese Verkettung von Erkenntnis und Tun ist heute dringender denn je. Ich mache immer wieder die Beobachtung, daß man in einem bürgerlichen Christentum sehr wohl über Gott und das Gebet sprechen kann, ohne auf ernsthaften Widerstand zu stoßen. Das ändert sich, sobald man Problemfelder unserer Welt anspricht: die schreckliche Armut, unter der immer mehr Menschen auch in unseren westlichen Gesellschaften zu leiden haben; den Ost-West-Konflikt und die Notwendigkeit der Abrüstung; die Umweltkrise und ein anderes Umweltverhalten ... Wer als Theologe diese Probleme zum Gegenstand seiner Reflexion erhebt, gerät jeweils in harte Auseinandersetzungen. Und doch wird sich das Beten gerade auf diese Problemfelder beziehen müssen, und zwar nicht ganz allgemein, sondern *im Blick auf einen möglichen Auftrag in diesen Bereichen.* Man wird sich dabei bewußt machen müssen, daß die Erkenntnis nicht deduktiv erfolgt, also nicht einfach aus dem Denken selbst ableitbar ist, sondern induktiv, also dem Tun und der konkreten Erfahrung selbst erwächst. Das Gebet wird also umso gefüllter, je engagierter jemand etwas tut. «Wir brauchen den Blick nach innen, aber wir brauchen auch einen Kontext, Lebensumstände, in denen wir aktiv wirken. Wirkliche Veränderung von Menschen ereignet sich nicht auf Einkehrtagen (ich habe genügend gehalten, um das zu wissen), sondern in der Anwendung geistlicher Erfahrungen bei der Konfrontation mit den Alltagsrealitäten. Nicht Predigten bekehren Menschen, sondern Umstände. In der Regel *denken wir uns nicht in eine neue Lebensweise hinein, sondern wir leben uns in eine neue Denkweise hinein*» (R. Rohr 80).

Den rechten Glauben, die sichere Hoffnung, die vollkommene Liebe, Sinn und Erkenntnis kann ich also nur haben, wenn ich in meiner Welt das *tue*, was ich von Gott her tun muß. Das Ringen um das rechte Tun und das Ringen um die richtige Erkenntnis gehören zusammen. Ich muß mich also als *Werkzeug* verstehen lernen: indem ich *Liebe bringe,* wo man sich haßt, *Verzeihung,* wo man schuldig geworden ist, *Einheit,* wo man zerstritten ist, *Wahrheit,* wo man irrt, *Licht,* wo es dunkel ist usw. (vgl. Rotzetter – Hug 136), komme ich zu den grundlegenden Erkenntnissen unseres christlichen Lebens. Dazu gehört auch, was das sog. Friedensgebet des heiligen Franz in seinem zweiten Teil formuliert: daß Geben identisch ist mit Empfangen, sich Vergessen mit Selbstfindung, Sterben mit ewigem Leben.

Im Sinne dieser Verkettung von Erkenntnis und Tun habe ich in meinem Buch immer wieder gebetet um eine Kirche, die sich als «Bund der Liebe» versteht, um Menschen, die sich als «Verbündete Gottes» wissen. Dazu gehört die Fähigkeit, «Gegensätze zu verbinden», «Knoten zu lösen», «das versöhnende Wort zu sagen», «befreiende Zeichen zu setzen», «Brücken zu schlagen» und «das Band der Liebe zu knüpfen» (III,43).

Daß das Tun die Erkenntnis bringt, zeigt meine Erfahrung mit der Symbolreihe, welche die Kirche umschreibt: Menschenkette, Band, Bund, Zeichen, Volk, Stadt, Haus, Leib, Priester (III,48). Oft schon habe ich dieses Gebet in einer Gruppe gebetet; oft hat sich konkret realisiert, was die Sprache anzeigt; die Hälfte der «Strophen» ist spontan aus engagiertem Erleben heraus entstanden. Es entsteht, worum man bittet, und man bittet um das, was man erlebt. Und so wächst man in ein neues Denken, in neue Zusammenhänge, in neue Erkenntnis, in ein neues unverbrauchtes Beten hinein.

3. Den Himmel bestürmen: Das Gebet als Bitte

An der Wertschätzung des Bittgebetes kann man ganz allgemein die Realitätsbezogenheit des Beters ablesen. Wer nur dankt und lobt, kann unmöglich mit beiden Füßen auf dem Boden unserer tränenüberströmten und blutbedeckten Erde stehen. Der Christ wird Gott an seine Verheißungen erinnern und ihn bestürmen, Gott nicht nur im Himmel, sondern ganz konkret auch auf dieser Erde zu sein.

So mißverständlich die Gebetsweise des hl. Dominikus ist, die sich «das gewalttätige Gebet» nennt, so einleuchtend ist mir, was damit gemeint ist. Wer auf der einen Seite die Tränen der Kinder sieht und die Schreie der Armen hört und auf der anderen Seite glaubt, daß Gott unsere Vorstellungen von Vater und Mutter übersteigt, muß den Himmel bestürmen. Wir müssen die Arme auseinanderreißen und Gott an das Kreuz erinnern, an dem sein einziger Sohn hing. Wir müssen den Himmel sozusagen auf die Erde herunterreißen, damit alle erfahren, daß Gott die Liebe ist und das Leben. Wir müssen Gott energisch, d.h. mit aller Kraft bitten, daß er für alle Menschen ist, was er verheißen hat: Ein Gott, der mit uns geht; ein Gott, der alles Böse aus der Welt vertreibt; ein Gott, der sich als Liebe in allen Beziehungen spiegelt; ein Gott, der eine «Kultur des Brotes» (Pier Paolo Pasolini) garantiert; ein Gott, dessen Vergebung sich auswirkt im Verzeihen; ein Gott, der uns aus allen existenziellen Bedrohungen herausführt.

Im Grunde genommen habe ich jetzt nur mit anderen Worten gesagt, was im Vaterunser zum Ausdruck kommt. In meinem Buch habe ich mehrere Versuche, das Vaterunser anders zu formulieren, vorgeschlagen (II,19;20). Paraphrasen (vgl. Erkl Vat) und Übersetzungen dieses grundlegenden Gebetes der Christen müßte es noch viel mehr geben. Denn eigentlich fassen wir erst in ihnen, was uns als Gebet von Jesus selbst empfohlen wurde.

Zudem: wir können nie genug über das, was im Zentrum des Handelns und Denkens Jesu stand, nachdenken: das Reich Gottes, von dem ja das Vaterunser eine betende Entfaltung ist. Stichworte wie «Frieden», «Gerechtigkeit», «Kultur des Brotes», «Versöhnung» usw. gehören hierher, aber auch die franziskanischen Begriffspaare, die Kräfte (Tugenden), welche das Reich Gottes nicht nur vorantreiben, sondern auch schon erfahrbar machen:

– *Weisheit und Einfachheit:* Wir sollen darum beten, daß wir über das analytische Denken (Wissenschaft) und über die unübersehbare Komplexheit der Probleme hinauswachsen und zu jener Weisheit und zu jener Einfachheit gelangen, die der Vor-Schein des Endgültigen ist. «Es gibt viele sehr kluge Leute, die kein bißchen weise sind. Solche Leute können drei Doktorhüte haben – aber ich würde mich ihnen mit wirklichen Lebensfragen niemals anvertrauen. Ihr Denken mag spezialisiert sein, aber es ist auch sehr begrenzt, nicht ganzheitlich ...» (R. Rohr 68).

– *Armut und Demut:* Wir sollen darum beten, daß wir die Diktatur des Habens und die Mentalität des «Konsumismus» hinter uns lassen und zu jenem Sein gelangen, das der Vor-Schein des Endgültigen ist. Solange wir konsumieren, was uns angeboten ist, uns aneignen, was von außen auf uns zukommt, uns abgrenzen durch das, was wir haben, uns über unsere eigene Wahrheit hinwegsetzen, sind wir nicht wahrhaft Menschen. Erst die Armut, die nichts als Eigentum ansieht und alles als Möglichkeit der Kommunikation betrachtet, und die Demut, die nicht mehr und nicht weniger als das Herz in seiner tiefen Wahrheit ins Spiel bringt, bringt uns dem Reich Gottes näher.
– *Liebe und Gehorsam:* Wir sollten darum beten, daß wir die Logik des herrschaftlichen Denkens und die hierarchischen Prinzipien gesellschaftlicher Organisation entschieden hinter uns lassen und in eine Gemeinschaftsform hineinwachsen, die der Vor-Schein des Endgültigen ist: eine zuhörende, hellhörige Liebe und ein gegenseitiges (horizontales) Hören, das selbst zum Ausdruck der Liebe wird.

Selbstverständlich könnte hier jetzt noch vieles angefügt werden, was in den Fähigkeiten, Kräften und Grundhaltungen des Menschen der Vor-Schein des Endgültigen bedeutet. In meinem Buch habe ich ein ganzes Kapitel «den sieben Kräften» gewidmet (vgl. V).

4. In der Einheit mit Christus leben: Das Gebet als Kontemplation

In allem Fragen, Ringen um Erkenntnis, Bitten darf eines nicht vergessen werden: daß der schon bei uns ist, zu dem wir beten.

Je länger je mehr geht mir auf, daß wir der Gefahr, einer bloß theoretischen Kontemplation zu verfallen, entrinnen müssen. Die griechische, ontologisch orientierte Wesensschau darf nicht länger Maßstab unserer Kontemplation sein. Sie muß sich vielmehr ganz entschieden auf das biblische Fundament zurückbesinnen. Hier geht es um Geschichte, nicht um Theorie, um die Befreiung aus geschichtlichen Zuständen, nicht um Gnosis, um die Erfahrung des Geführtseins und des Befreitwerdens, nicht um den selbstherrlichen Ausgriff auf das Reich der Ideen. Kontemplation im biblischen Sinne ist darum wesentlich «communio», Sich-eins-Wissen und Sich-eins-Fühlen mit dem Gott, der Geschichte macht, Hineingenommensein in die göttliche Dynamik, die befreit, Verbundenheit mit dem Gott, der mit uns geht, das Erlebnis der Ermächtigung und des Gebrauchtwerdens, Gemeinschaft mit Jesus Christus. Ich muß mich darum immer tiefer in das geschichtliche Projekt Gottes hineinknien, gedanklich und erlebnismäßig ergreifen lassen (nicht umsonst hat Franziskus die Wundmale empfangen!). Dazu gehört die biblische Meditation ebenso wie die liturgische Feier, die einsame Begegnung ebenso wie die gemeinsame Inszenierung des göttlichen Spiels. Diese Kontemplation soll mich erleben lassen, daß ich in einer «substantiellen Einheit» (trotz des Mißverständnisses wage ich den Ausdruck) mit Gott und seinem Sohn stehe und darum das Reich Gottes vorantreiben kann. In der Kontemplation empfange ich mein Profil, meine innovatorische Kraft, meine Kreativität, um in den gesellschaftlichen Auseinandersetzungen die Kraft Gottes zur Geltung zu bringen.

Was Franziskus mit dem Sprechakt «Benennen», mit der Kreuzesmeditation, mit dem Passionsoffizium und mit der kontinuierlichen Christusbegegnung realisierte, prägt eigentlich jedes Gebet in meinem Buch. Sein Grundanliegen ist ja gerade, daß das Gebet mit den Realien dieser Welt in Beziehung steht und daß sie nur auf das Reich Gottes hin verändert werden können, wenn wir die Kraft Gottes in unser Leben einlassen.

5. Aus der Fülle leben: Das Gebet als Lob und Dank

Nichts soll zurückgenommen werden von dem, was ich bisher gesagt habe. Wir leben in einer Welt, in der die Selbstverständlichkeiten verschwunden sind. Angesichts der Bedrohtheit unseres Lebens und der weltweiten Not muß das Gebet primär Frage, Ringen um Erkenntnis, Bitte sein.

Trotzdem gibt es immer auch Erfahrungen, die uns von innen heraus zum Staunen, zur Verwunderung und zur Anerkennung eines guten Gottes führen. Die ganze Fülle des Lebens kann greifbar werden in der intensiven Kommunikation bei einem köstlichen Glas

Wein. Der Himmel tut sich auf, wenn sich Menschen in die Arme nehmen. Das Ganze leuchtet auf im Fragment: in einer Schneeflocke, in einem Baum auf einem Hügel, in einer Raupe auf einem grünen Blatt, im Aufblitzen eines Glühwürmchens in der Nacht . . . Ohne sichtbaren Sinn fließt das Leben über in vielen Schmetterlingsarten, im Antlitz eines Menschen, im Lachen eines Kindes, in der Vielzahl der Geschöpfe, von denen jedes vom andern unterschieden ist. Es gibt mitten im Feuer einen Ort, an dem man ungehindert singen kann. Immer wieder bricht eine andere Welt in die unsere herein. So kann man mit Franziskus loben und danken für alles und jedes.

Dieser Dank bekommt aber eine besondere Dichte durch das Christusereignis. Eben habe ich die christliche Kontemplation als «communio» definiert, als erfahrenes Hineingenommensein in die göttliche Energie. Wer sich so in das Christusereignis hineingenommen sieht, wird es eucharistisch und ekstatisch feiern wollen. Er hat Grund, so zu tun, als wäre alles, worum er kämpft, wenigstens für einen Augenblick schon Wirklichkeit. Er kann – zusammen mit allen anderen auf dem Weg ins Reich Gottes – singen und jubeln, daß mit Christus alles schon angekommen ist. Er wird sich dann aber auch wieder aus der erfahrenen Gegenwart des Lebens senden lassen, um die ganze Welt in diese Gegenwart hineinzuholen. Und er wird nicht ruhen, bis Gott alles in allem und alles in jedem einzelnen geworden ist.

Von dieser erfahrenen Gegenwart des Lebens her kann auch heute noch das Lied auf die Schöpfung gesungen werden. In dieser Gegenwart ist wirklich schon alles versöhnt, verschwistert und im Grund eins. Nun gilt es, dieses Lied zu leben und politisch wirksam werden zu lassen: Frieden zu stiften zwischen den Menschen, den Stein und das Wasser zu umarmen in einem grundsätzlich ökologischen Verhalten...

6. Die Festlichkeit des Lebens inszenieren: Das Gebet als Kommunikationsspiel

Wer den Überfluß und die Gegenwart des Lebens feiert, darf natürlich nicht vergessen, daß viele Menschen im «Schatten des Todes» leben. Er wird darum das Leben zeugen, wo immer er kann. Wie Franz von Assisi wird er herumziehen und die Festlichkeit des Lebens inszenieren.

Freilich: Dazu braucht es Einfühlungsvermögen. Er darf über die Gefühle seiner Zeitgenossen nicht einfach hinweggehen. Er muß erspüren, wann er sie zum Lob einladen und zum göttlichen Spiel bewegen kann. Auf der anderen Seite kann man an den unausgesprochenen Erwartungen der Leute vorbeigehen. Denn alle sind in der Tiefe ihres Wesens angelegt, über den Alltag hinauszuwachsen und den Überfluß des Lebens zu feiern.

Viele Texte meines Buches sind aus Situationen entstanden, in denen ich Menschen zum göttlichen Spiel bewegen konnte, zu einem stundenlangen Fest. Es braucht dafür Symbole: den Kreis, in den man sich setzt; die Kerze, die man in die Mitte stellt; Brot und Wein, die man miteinander teilt; die Arme, die man sich um die Schultern legt; einen Blumenstrauß, den man zusammenbindet . . . Immer wieder durfte ich erfahren, wie die Zukunft lebendig wird und erfahrbar, wenn die Inszenierung gelingt. Auf diese Weise kann die eigene Erfahrung und das eigene Gebet missionarisch ausgreifen und Menschen einbeziehen, die vielleicht nicht in der Lage sind, Gott zu danken und zu loben. Sie selbst werden dann zu Sängern, die sich ihrerseits mit anderen zum göttlichen Spiel verbinden.

Zusammenfassung

Ich bin mir natürlich bewußt, daß es sich bei diesen Aspekten und Intentionen des Gebetes sowohl um eine Stufenleiter handelt, die man Grad für Grad zu erklimmen hat, als auch um eine Spiralbewegung, auf der sich alle Gebetsaspekte ständig wiederholen und sich immer wieder ablösen. Wichtig scheint mir ebenfalls, daß sich die letztgenannten Gebetsformen nie von den erstgenannten lösen dürfen. Nur so bleibt das Gebet glaubwürdig und realitätsbezogen.

Kontemplation und Gehorsam

Vortrag für den Fernkurs
für franziskanische Spiritualität (1988)

Es gibt Begriffe, die eine lange Tradition haben und deshalb verbraucht sind. Oft haben sie ihren ursprünglichen Sinn verloren oder lösen gar eine innere Revolte aus. Das ist weniger für «Kontemplation» als für «Gehorsam» der Fall. Wenn man diese beiden Begriffe jedoch nach ihrer Bedeutung abtastet, dann stößt man überraschend plötzlich auf ein gemeinsames Anliegen und auf eine innere Verwandtschaft.

1. Begriffserklärung und Lebenskonzepte

1.1 Kontemplation, oder: Die Einübung des Auges

«Kontemplation» gehört nicht zum ursprünglich biblisch-christlichen Vokabular. Das Wort entstammt wie viele andere, die den religiösen Vollzug betreffen, aus der *griechisch-römischen Kultur.*

a. *Wortbedeutung:* «Kontemplation» steht wahrscheinlich mit einer religiösen Urgebärde im Zusammenhang und bedeutet: einen streng abgegrenzten Bezirk am Himmel bezeichnen, um so einen Beobachtungsraum zu gewinnen für den Flug der Vögel und den Zug und die Form der Wolken; mit dem Ziel, daraus den Willen Gottes zu «sehen».

b. *Der vorherrschende Sinn* ist demnach das Auge. Man will sich ins Bild setzen, schauen, sehen, erkennen, das Eigentliche erblicken, das Geheimnis der Welt enthüllen.

c. Mit der Übernahme griechischen Denkens in das Christentum wurde «Kontemplation» zu einem *Zentralbegriff* der christlichen Spiritualität, wo er als Gegenpol zu «Aktion» begriffen wird. Das benediktinische «ora et labora» (Gebet und Arbeit!), das weitverbreitete Motto von Taizé «Kampf und Kontemplation» oder das moderne Wortpaar «Mystik und Politik» sind eigentlich nur Abwandlungen davon. Kontemplation wurde in der christlichen Tradition als *Höhepunkt des Gebetes* verstanden: als «visio beata» = selig-beglückendes Schauen Gottes im Himmel und als möglichst dichte, nicht machbare, sondern geschenkte Annäherung hier auf Erden im wortlosen «schauenden» Gebet. Darum werden Visionen und innere Bilder wichtig.

d. Vom griechischen Ursprung her sind aber einige *Mißverständnisse* möglich:
- ein *ästhetisches* Mißverständnis: Wir nehmen nur das Gute und Schöne wahr: den weißen Schnee der Berge, die klaren Konturen des Horizonts, das Blau des Himmels, das Wogen eines Ährenfeldes, das Kräuseln des Wassers auf dem See, Sonnenuntergänge ... Die harte Realität wird ausgeblendet.
- ein *apolitisches* Mißverständnis: Wir bewegen uns innerhalb einer ontologischen Weltanschauung, das heißt, die Welt hat ihre unverrückbare statische Seinsordnung, niedere und höhere Stufen und Grade des Seins. Das Ziel ist, für sich selbst den höchstmöglichen Seinsgrad bzw. die Schau Gottes zu erreichen. Eine mögliche Veränderung der Ordnung kommt nicht in den Blick. Die Verantwortung der Welt gegenüber wird ausgeblendet.
- ein Mißverständnis der *Mehrdeutigkeit*: Wir stehen sozusagen unmittelbar vor Vorgängen und Ereignissen, die so oder auch ganz anders interpretiert werden können. Es fehlt eigentlich der Schlüssel, mit dem die Bilder ihre Eindeutigkeit bekommen. Natürlich kann man in einer pluralistischen Zeit, in der es viele Weltinterpretationen gibt, von einem gewissen Vorteil reden: alle können sich wiederfin-

den. Auf der anderen Seite schwindet die Verbindlichkeit, die konkrete Festlegung verlangt.

Wohlverstanden: Ich sage nicht, daß die großen Mystiker der christlichen Tradition diesen Mißverständnissen verfallen sind. Zu sehr bezog sich diese Kontemplation auf Jesus Christus, das lebendige Wort Gottes, und war darum immer auch mit «Gehorsam» verbunden. Trotzdem sind die Mißverständnisse in der Tendenz deutlich vorhanden und als Möglichkeit immer gegenwärtig gewesen.

1.2 Gehorsam, oder: Die Einübung des Ohres

«Kontemplation» muß sich für uns Christen notwendig mit einem anderen Wort und mit einem anderen Sinn verbinden. Die Bibel spricht nicht eigentlich von Kontemplation, sondern ganz wesentlich sowohl im Alten wie im Neuen Testament immer wieder von Gehorsam.

a. *Wortbedeutung:* Wenn wir genau auf das hinhören, was das Wort selbst von sich preisgibt, dann entdecken wir, daß es mit «hören» zu tun hat: Ge-hor-sam. Das deutsche Wort ist dem lateinischen «oboedire» nachgestaltet, was gleichbedeutend ist wie: das Ohr entgegenhalten.

b. *Der vorherrschende Sinn* ist demnach das Ohr. Es geht darum, das Wort eines anderen zu hören, hellhörig zu werden, sensibel für die lauten und leisen Töne der Schöpfung, dem Anspruch, der auf uns zukommt, zu lauschen und das grundsätzlich dialogische Verhältnis, in dem wir Menschen zu anderen Menschen, zur Schöpfung und zu Gott stehen, wahrzunehmen.

c. Von daher ist «Gehorsam» der *Zentralbegriff der Bibel* und darum um einiges wesentlicher als der Begriff «Kontemplation». Das Volk Israel («Höre Israel»: Dtn 6,4) ist als ganzes hörend auf Gott verwiesen, auf die Tora, auf die Weisung Gottes, auf sein Gedenken (Vergangenheit), auf seine Verheißung (Zukunft). Und der einzelne hat wie Samuel zu rufen: «Rede, Herr, dein Diener hört» (1Sam 3,9). Im Neuen Testament geht es wesentlich um den souveränen Ruf Jesu in seine Nachfolge, zur Umkehr und zur Leidenschaft für das Reich Gottes. So entsteht eine neue geschichtliche Perspektive und eine großartige Sinndeutung der Gesamtrealität: Jesus von Nazaret ist das fleischgewordene WORT GOTTES, in ihm hören wir Menschen die An-Sprache Gottes, den LOGOS: SINN und STIMME Gottes – ihm sollen wir folgen. Im Prolog des Johannesevangeliums wird sogar gesagt, daß Gott und Wort identisch sind und daß die ganze Schöpfung «im Wort geschaffen» ist: alles ist darum erfüllt mit göttlichem Sinn; alles ist für den Menschen Wort und Anspruch, den er zu hören hat. Die Schöpfung, alles in ihr, und die Geschichte, alles, was sich ereignet, ist letztlich, theologisch gesprochen, Wort Gottes – und mitten darin das großartige WORT, das wir in Jesus von Nazaret hören und von dem her die vielen Worte eine gewisse Eindeutigkeit bekommen.

Gehorsam ist also das fundamentale Verhalten des glaubenden Menschen und meint Disponibilität für Gott und Verantwortung, Tat. Der Gehorsam ist so grundsätzlich, daß er in alle Bereiche hinein zu entfalten ist:

– *Gott*: Alles, was oben zu Kontemplation gesagt wurde, hat hier seinen Platz. Wir Menschen müssen sensibel werden für das, was Gott von uns will. Das können wir aber nur durch eine ständige Begegnung mit den Schriften, in denen Gottes Wort bezeugt ist, mit der Bibel des Alten und Neuen Testamentes, und mit der Person Jesus von Nazaret, in dem sich Gott ganz und gar aus-gesprochen und mit-geteilt hat. Gott kommt aber auch von anderswoher auf uns zu, nämlich von allen denkbaren Vermittlungen:

– *Der Mitmensch*: Jeder Mensch ist, weil er ist und weil er so ist, ein Anspruch, den wir nicht überhören dürfen.

– *Die verschiedenen Gemeinschaften*: Gruppe, Gemeinde, Volk, Familie, Gemeinschaft, Kirche sind in ihren unterschiedlichen Zusammensetzungen, Zielen, Traditionen und Bedürfnissen Realitäten, denen jeder einzelne hörend und verant*wort*lich gegenübersteht.

– *Ich*: auch in mich selbst in meinem Dasein und Sosein, in meinen eigentlichen Bedürfnissen und Strebungen muß ich einfühlend hören.

– *Tiere, Dinge, Situationen, Welt*: Nichts darf ausgeschlossen sein, alles muß mich in meinem Handeln bestimmen. Deswegen sprach z.B. Edith Stein von «Sachgehorsam»: Wo jemand ein Ding sachgemäß behandelt, etwas ehrfürchtig beobachtet, einen Beruf nüchtern erfüllt, ist er gehorsam.

– *Ämter und Organe*: Natürlich sind auch Ämter und Organe Instanzen, denen Gehorsam im biblischen Sinne zusteht. Doch muß man hier – mehr als anderswo – hinzufügen, daß das nur bedingt gilt, nämlich unter der Bedingung, daß sie Ausdruck einer von Gott geschaffenen Realität sind.

Der Gehorsam ist ein so grundsätzlicher Aspekt der christlichen Spiritualität, daß er zu einem der drei großen organisierenden Gedanken wurde (neben Armut und Keuschheit) und daß die Geschichten und das Vokabular (vgl. etwa den Prolog der Regel des hl. Benedikt) des Gehorsams einen reichen Schatz darstellen.

Nun muß ich aber hinzufügen, daß der biblische «Gehorsam» *eingebettet ist in ein geschichtliches Projekt*. Es geht hier um einen Gehorsam im Interesse des Menschen selbst. Denn Gott will den Bund mit den Menschen, die Befreiung aus Angst und Not, aus Sklaverei und Ausbeutung; er will hinausführen in das «gelobte Land» – neutestamentlich: er will seine Herrschaft durchsetzen, ein Reich, in dem es göttlich und menschlich zu- und hergeht und in dem Frieden, Gerechtigkeit, Leben – alles Göttlich-Menschliche – überhand nimmt. Gehorsam ist von daher zu verstehen als Disponibilität, Mitverantwortung und Mitgestaltung. Ein ästhetisches Mißverständnis ist ebenso unmöglich wie ein apolitisches. Denn in Jesus wird deutlich, welcher Preis ein solcher Gehorsam hat: das Kreuz, in dem sich alle Häßlichkeit der Welt verdichtet.

d. Leider müssen wir jedoch auch hier von *Mißverständnissen* reden:
- das Mißverständnis des *Ordnungsgehorsams*: Der Gehorsam wird so zum Öl, das eine Maschine im Gang hält: den Staat, eine Ordensgemeinschaft, die Kirche. Das Zusammenleben wird vertikal verstanden: wer oben ist, befiehlt; wer unten ist, gehorcht. Dieses Verständnis von Gehorsam führt geradewegs nach Auschwitz und Dachau und kann nach den schrecklichen Verbrechen, die da geschehen sind, nicht mehr aufrecht erhalten werden. Und wenn dieses *vertikale Gehorsamsverständnis* heute wieder gefordert wird, besonders auch in der Kirche, dann muß im Namen des Evangeliums heftig protestiert werden. Natürlich gibt es Aufgaben und Dienste in der Kirche, aber

nirgendwo läßt sich biblisch begründen, daß «ein Mensch aufgrund eines besonderen Titels Gehorsam fordern könnte» (T. Matura, Suivre Jésus 71). Ein solches Gehorsamsverständnis kommt aus dem weltlichen Bereich (vgl. Mt 20,20-28) und darf keinen Raum haben unter Christen.

- das *ethische* Mißverständnis: Der Gehorsam muß notwendigerweise mit einem anderen zentralen biblischen Begriff verbunden werden, mit dem Begriff «Gnade». Sonst kommt es zu einer psychischen Überforderung. Wir können tun, was wir sollen, erst nachdem wir als Söhne und Töchter Gottes hineingenommen sind in eine neue Beziehung zu Gott. Gehorsam ist erst möglich aufgrund einer gnadenhaften Ermächtigung, die es in Gebet und Gottesdienst immer wieder zu feiern gilt.

1.3 Maria, oder: Die Einübung der Mütterlichkeit

Kontemplation und Gehorsam haben ein gemeinsames Anliegen, das in einem organischen Bild des heiligen Franz von Assisi noch einmal aufscheint.

a. *Das Zitat*: «Und sie werden Kinder des himmlischen Vaters sein (vgl. Mt 5,45), dessen Werke sie tun. Und sie sind Anverlobte, Brüder und Mütter unseres Herrn Jesus Christus (vgl. Mt 12,50). Anverlobte sind wir, wenn die gläubige Seele durch den Heiligen Geist mit Jesus Christus verbunden wird. Brüder [und Schwestern: A.R.] sind wir ja, wenn wir den Willen seines Vaters tun, der im Himmel ist (vgl. Mt 12,50). Mütter sind wir, wenn wir ihn durch die Liebe und ein reines und lauteres Gewissen in unserem Herzen und Leibe tragen (vgl. 1Kor 6,20); wir gebären ihn durch ein heiliges Wirken, das anderen als Vorbild leuchten soll (vgl. Mt 5,16)» (BrGl II 50-53).

b. *Die Deutung*: Franz von Assisi versteht den Christen so, daß er immer mehr hineinwächst in den Lebenssinn Jesu. Mit ihm sollen wir innerlich verbunden sein in einer «geistlichen Beziehung». Wenn wir genauer hinschauen, sehen wir, daß diese Beziehung marianisch definiert ist: Der Christ muß sich als Mutter Christi verstehen lernen.

Christus muß – wie auch andere Mystiker sagen – im einzelnen Christen innerlich heranwachsen können und soll dann – nach neun Monaten – geboren werden in einem heiligen Wirken. Das Empfangen und Insichtragen Jesu hat von vornherein ein Ziel: die Geburt Jesu in der konkreten Tat. Franz von Assisi überbietet in einem mystischen Sinn die Polarität «Kontemplation und Aktion». Es geht darum, daß der Christ zur Christogenese, zur Geburt Jesu in der Welt, zu einer «christlichen Welt» beiträgt. Das allerdings ist weniger die Tat des Mannes als vielmehr die Logik der Mutterschaft, in die hinein wir als Christen wachsen sollten.

2. Probleme und Schwierigkeiten

Ich hoffe nicht, daß der Gehorsamsbegriff, wie ich ihn darzustellen versuchte, als Erleichterung bzw. als Aushöhlung des Wesentlichen empfunden wird. Wenn wir genauer hinschauen, dann dürfte ein solcher Gehorsam für das konkrete Leben schwerer sein als das geistlose Ja und Amen des bloß vertikalen Ordnungsgehorsams, dessen Ideal ja von alters her der «blinde» bzw. «Kadaver»-Gehorsam war.

2.1 Der Ordensgehorsam

Nach meiner Erfahrung haben die Orden in den vergangenen Jahrzehnten im großen und ganzen den biblischen Gehorsamsbegriff rezipiert. Dialog und Mitverantwortung werden groß geschrieben, die Obern setzen sich bis zum «Geht-nicht-mehr» zusammen, einsame Entscheide sind selten und werden als Mißverständnis des Amtes empfunden, Versetzungen werden kaum noch ohne vorausgehendes Gespräch vorgenommen. Die Geschwisterlichkeit als Prinzip der ordnenden und organisierenden Funktion ist m. E. fast überall erkannt und mehr oder weniger praktiziert.

Die verbleibenden Schwierigkeiten innerhalb der Orden haben zwei verschiedene Ursprünge:

- *ein konservatives Verhalten*: Die frühere Ordenserziehung war darauf angelegt, Befehle zu empfangen und diskussionslos auszuführen. Initiative und Phantasie, Mitverantwortung und Mitdenken wurden klein geschrieben. Wer nicht in das neue Gehorsamsverständnis hineinwachsen konnte, sondern im alten Denken verharrte, kann mit dem neuen «Regierungsstil» nicht viel anfangen. Jedenfalls geht auf diese Weise viel an möglicher Dynamik verloren. Und darum möchte ich zu einem aktiven Gehorsam aufrufen, der ein selbständiges und verantwortliches Hören ist und daher auch Vorschläge machen und Initiativen ergreifen kann – selbstverständlich immer im Dialog mit der eigenen Gemeinschaft. Ein solcher Gehorsam führt vielleicht auch zum Konflikt, zur Auseinandersetzung, zu einem Dialog mit allen Brüdern bzw. Schwestern oder mit den Verantwortlichen des Ordens. Wenn diese ihrerseits dem Gehorsam verpflichtet sind – und ich sehe eigentlich keinen Grund, hier Vorwürfe machen zu müssen –, dann ist das ein produktiver Gehorsam.

- *ein individualistisches Verhalten*: Leider ist bei vielen Ordensmitgliedern aller Altersstufen ein Verhalten spürbar, das mit dem Projekt eines Ordens schlecht vereinbar ist: hier geht es nicht nur um das individuelle Wohl oder gar um bürgerliche Selbstzufriedenheit, sondern um ein gemeinsames Vorhaben, das in der Regel oder in den Konstitutionen radikal formuliert ist. Selbstverständlich muß man, wie ich gesagt habe, auch in sich hineinhören und die eigenen Bedürfnisse und Fähigkeiten erkennen. Doch entsteht die Person und das persönliche Profil eines Menschen nicht aus dem bloßen Inneren. Es ist allemal der Anruf und die Herausforderung, welche den Menschen zu einer Person macht. Das bedingt, daß einer auch Liebgewordenes preisgeben muß zugunsten einer neuen Aufgabe im Rahmen der Zielsetzung des Ordens. Liebe bzw. Hingabe und Gehorsam stehen in einem so engen Verhältnis, daß das eine ohne das andere und also Persönlichkeit ohne beides nicht denkbar ist. Auch das neue Verständnis von Gehorsam kennt den Kreuzesgehorsam, vielleicht sogar radikaler als zuvor. Denn hier geht es um den Preis, den man zu bezahlen bereit sein muß, wenn man in der Nachfolge Christi stehen will.

2.2 Der kirchliche Gehorsam

Wenn wir innerhalb der Orden ein neues Gehorsamsverständnis wahrnehmen, so muß von der Amtskirche leider das Gegenteil gesagt werden. Nach einer kurzen Zeit (während und unmittelbar nach dem Konzil), in der ernst genommen wurde, daß die Taufe und darum das Volk Gottes das erste ist, was von der Kirche zu sagen ist, fällt man mehr und mehr in ein früheres Denken zurück, in eine hierarchische Mentalität, die sich selbst absolut setzt. Die Zentralbehörde der Kirche steht darum praktisch mit allen gewachsenen Lebenseinheiten im Konflikt: Jesuiten, Franziskanern, Kapuzinern, Karmeliten und anderen Gemeinschaften wird selbstherrlich vorgeschrieben und befohlen, was ihre Tradition ist (man kann nur den Kopf schütteln, wenn eine vatikanische Behörde – gegen den Willen der Gemeinschaft und gegen alle geschichtlich erhebbare Tradition – entscheidet, daß Franziskaner und Kapuziner nicht Bruderschaften, sondern Priesterorden seien!); Ortskirchen wird eine legitime Entfaltung des eigenen Glaubens und die pastorale Lösung von Problemen verwehrt; die Eigenverantwortung der Basis wird durch bürokratische Maßnahmen erstickt . . .

1. Angesichts dieser Situation muß *der kirchlichen Behörde signalisiert werden, daß sie Gehorsam nicht automatisch erwarten kann und daß kirchlicher Gehorsam vielleicht gerade etwas anderes verlangt.* Selbstverständlich sollte einer seine selbsterdachten Vorstellungen und Gedanken aufgeben, wenn sie die Einheit der Kirche gefährden. Selbstverständlich sollte einer auf dies oder jenes verzichten, wenn es den Frieden der Gemeinde bedroht. Selbstverständlich muß einer auf die Sorgen und Nöte des kirchlichen Amtes hören. Selbstverständlich muß einer seinen Irrtum aufgeben, wenn ihm ein solcher nachgewiesen wird. Aber Gehorsam bedeutet auch, daß er tiefer und weiter denkt, daß er ebensosehr auf die pastorale Situation hört, in der er sich befindet, auf die Zeichen der Zeit, die sich vor seinen Augen abspielen, auf die christliche Tradition, in die er eingebettet ist, auf Jesus Christus, der sich ihm in der Schrift und in der Liturgie bezeugt. Und so kann ein Widerspruch zum Amt letztlich Gehorsam sein. Auf jeden Fall müssen wir dazu beitragen, daß wir von einem Gehorsamsverständnis wegkommen, das sich ohnehin nur weltlichen Organisationsmodellen verdankt, und als Kirche zurückfinden zu dem, was in der Bibel mit Gehorsam gemeint ist.

2. Angesichts der heutigen Situation in der Kirche bedarf es einer klaren Einsicht in die Gesetze, welche eine Verdünnung der Wirklichkeit zur Folge haben. Man kann sich des Eindrucks nicht erwehren, daß – wenigstens bei uns in Europa – Amtsträger, Theologen, Glaubende bzw. Gemeinden alle auf ihre Weise zunehmend an *Wirklichkeitsverlust* leiden. Zur Veranschaulichung soll folgender Kreis dienen:

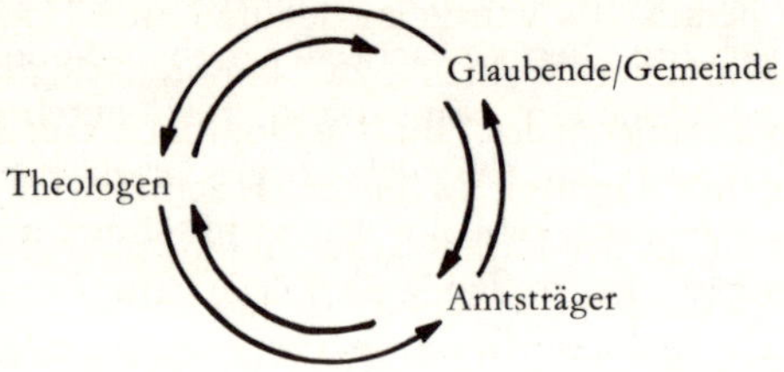

Jeder der drei Punkte muß gegenüber den beiden anderen im Gehorsam verbunden bleiben, wenn die Wirklichkeit sich nicht in immer engere Grenzen zurückziehen soll.

- Die *Glaubenden bzw. die Gemeinden* müssen hörend auf das Amt verwiesen sein, sonst schwindet die Solidarität mit anderen Glaubenden, die Einheit der Kirche, die Rückbindung an die Tradition, die Möglichkeit, eine Zukunft zu haben. Und sie müssen hörend auf die Theologen verwiesen bleiben, damit ihre Erfahrung nicht zur bloßen Esoterik gerinnt und damit das Reden von Gott spezifisch-christliches Reden von Gott bleibt.
- Die *Theologen* müssen hörend auf das Amt verwiesen bleiben, damit die Theologie ihre Einheit bewahrt und eine Funktion der Kirche bleiben kann. In der Isolation schwindet mit der Zeit die Kraft des Glaubens, die Dynamik der Hoffnung, der Geist der Liebe. Und sie müssen hörend auf die Glaubenden und die Gemeinden verwiesen bleiben. Sonst schwindet die konkrete Erfahrung, das Problembewußtsein...

Das alles dürfte eigentlich selbstverständlich sein. Daß auch das Amt gehorsam auf die beiden anderen kirchlichen Wirklichkeiten verwiesen ist, kann im konkreten Verhalten der meisten höheren

Amtsträger nicht abgelesen werden. Darum möchte ich hier konkreter werden.

- Die *Amtsträger* müssen hörend auf die Glaubenden bzw. Gemeinden verwiesen bleiben. Durch den flüchtigen Kontakt, den hierzulande Bischöfe mit den Glaubenden haben, verdünnt sich die Wirklichkeit ganz entscheidend. Das Tragische daran ist, daß sie es nicht einmal merken. Ich greife aus unzähligen Beispielen, die auf einen Wirklichkeitsverlust der meisten europäischen Bischöfe hinweisen, nur einige heraus: Es würde an qualifizierten Frauen fehlen, die in der Kirche arbeiten wollten bzw. könnten (Kardinal Wetter): zu Hunderten kommen jedes Jahr Theologinnen von den theologischen Fakultäten, mit Diplom, Magister, Lizentiat, Doktorat ... – und warten darauf, in der Kirche arbeiten zu können. – Ständig spricht man von Priestermangel: schon vor Jahren hat Carlo Carreto darauf aufmerksam gemacht, daß das eine Aussage eines falschen Wirklichkeitsverständnisses ist: Berufungen muß man erkennen, sie sind da, man müßte nur hinhören auf die vielen Männer und Frauen, die, oft genug mit besserer Ausbildung als die vorhandenen Priester, jederzeit eingesetzt werden könnten, wenn der Gehorsam gegenüber der Theologie beachtet würde: sowohl Priestertum der Frau als auch Zölibat sind heute keine theologischen Fragen mehr (vielleicht noch psychologische). – Der Priestermangel scheint ohnehin ein Alibiwort zu sein, solange man Posten wie Professoren, Rektoren, Delegierte für das Fernsehen, Verantwortliche für Katechese aus der Zahl der Priester bestellt. – Hirtenschreiben der Bischöfe ganz allgemein und über Maria im besonderen gehen völlig an der Sprache und der Mentalität der Leute vorbei. – In einem Ordinariat wurde ein Brief geschrieben an alle, die im kirchlichen Dienst stehen. Der Brief begann mit «Lieber Mitbruder» – obwohl, wie ich nachzählte, in der Diözese gegen 50 Frauen im kirchlichen Dienst stehen. Ich kann darin nur ein Symbol für eine verengte Wahrnehmung sehen, die viel grundsätzlicher ist. Ich denke, daß die europäischen Bischöfe und der Papst sich einiges einfallen lassen müssen, damit der Wirklichkeitsverlust, in dem sie befangen sind, überwunden wird. Ein Beispiel: Bei einem Bistumstreffen wählt der Bischof Gesprächskreise aus, um deutlich zu machen, was ihm ganz besonders am Herzen liegt. In jedem Forum erscheint er für kurze Zeit. Er hat Akzente gesetzt, gewiß, aber selbst hat er nichts an Wirklichkeit gewonnen. Hätte er sich für das Forum «Frauen» entschieden und wäre die ganze Zeit dabei geblieben, hätte er eine Problematik kennengelernt, die es ihm unmöglich gemacht hätte, danach noch gleich zu reden wie zuvor. Hätte er sich für irgendein einziges Forum entschieden, dann hätte er einiges gelernt an Sprache, an Fragestellungen, an Antwortrichtungen der Gläubigen in seinem Bistum. – Noch etwas: Die Bischöfe haben es sich angewöhnt, den einzelnen Gläubigen nach dem Gottesdienst oder einer Veranstaltung die Hände zu reichen. Aber haben sie darüber nachgedacht, welche Beziehung so zustande kommt? Wäre es nicht besser, sich vor die Gläubigen hinzustellen, eine halbe Stunde ins Gespräch zu kommen über dieses oder jenes: sie könnten einiges erfahren, was für sie wichtig ist. – Und damit der gehorsame Bezug zur Theologie immer auch erhalten bleibt: Wie wäre es mit einer Stunde theologischer Lektüre am Tag? – Auf jeden Fall ist eine Spiritualität des Gehorsams nicht nur für die Theologen und Gläubigen notwendig, sondern auch für die Amtsträger, die zusammen mit dem ganzen Volk – nicht weniger, sondern aufgrund der Verantwortung eher mehr – gehorsam auf das Christusereignis und auf den Anspruch, der in allem aufscheint, verwiesen sind.

Ich bin überzeugt, daß wir in den heutigen Verhältnissen sowohl Gehorsam als auch Kontemplation, immer aber miteinander verbunden, als tragende Aspekte der modernen Spiritualität entdecken müssen.

2.3 Brief an Wolfgang Haas vor seiner Weihe zum Weihbischof von Chur

Ein typisches Beispiel für die heutige Gehorsamsproblematik in der Kirche ist die Ernennung und Durchsetzung von Wolfgang Haas als Weihbischof mit Nachfolgerecht in der Diözese Chur. Gehorsam im biblischen Sinn, d.h. liebende Einfühlung in die Gegebenheiten von Kirche und Theologie, ist weder beim bisherigen Bischof noch beim Vatikan und schon gar nicht bei Wolfgang Haas zu spüren. In seiner Antwort, er müsse diesbezüglich dem Papst gehorsam sein, vergißt er, daß Gehorsam vom Evangelium her nicht einfach vertikal zu verstehen ist. Mit der Hellhörigkeit und der liebenden Einfühlung des Evangeliums hat das nichts zu tun. – Ich habe am 13. Mai 1988 Herrn Haas einen Brief geschrieben, den ich hier veröffentliche, nicht nur, weil er ohne Antwort geblieben ist, sondern auch, weil er – über die persönliche Problematik hinaus – ein kirchliches Krankheitssymptom betrifft, das der Heilung dringend bedarf.

Sehr geehrter Herr Haas,

Leider komme ich wegen Auslandsaufenthalts erst heute dazu, Ihnen zu Ihrer bevorstehenden Bischofsweihe zu schreiben. Ich habe gehört, daß Sie ein «geistlicher» Mann seien und den geistlichen Bewegungen in der Kirche naheständen. Das ermutigt mich zu hoffen, daß meine Erwägungen nicht auf fruchtlosen Boden fallen. Ich weiß nicht, ob Sie mich wenigstens dem Namen nach kennen: Ich gelte als Fachmann für christliche und besonders franziskanische Spiritualität. Als solcher habe ich vor allem Umgang mit geistlichen Texten und Gestalten aus der christlichen Tradition. Aus dieser Begegnung mit der geistlichen Überlieferung der Kirche heraus möchte ich Ihnen einige Gedanken vorlegen.

1. Selbstverständlich gibt es innerhalb der Kirche das besondere Amt des Petrusdienstes und des Episkopos bzw. Presbyters. Aber dieses an sich notwendige Amt ist im Laufe der Jahrhunderte, besonders aber seit der sogenannten Konstantinischen Wende mit Vorstellungen überlagert worden, die dem gesellschaftlichen Bereich, nicht aber dem Evangelium entspringen. Sie kennen sicher die *klare Distanzierung Jesu von den Macht- und Herrschaftsvorstellungen der Welt:* «Ihr wißt, daß die Herrscher ihre Völker unterdrücken und die Mächtigen ihre Macht über die Menschen mißbrauchen. Bei euch soll es nicht so sein, sondern wer bei euch groß sein will, der soll euer Diener sein. Denn auch der Menschensohn ist nicht gekommen, um sich dienen zu lassen, sondern um zu dienen und sein Leben hinzugeben als Lösegeld für viele» (Mt 20,25–28). Die Logik von Macht und Herrschaft darf im innerkirchlichen Raum keinen Platz haben, hier soll vielmehr die Logik der Liebe und Hingabe, des Dienens und des liebenden Gehorsams zum Zuge kommen. Nur dann steht die Kirche auf der

Höhe ihres Meisters. Das wird bei Lukas noch dadurch verdeutlicht, daß der Rangstreit der Jünger im unmittelbaren Kontext der Eucharistie steht: Wer Eucharistie feiert, kann unmöglich Macht und Herrschaft ausüben. Wir befinden uns hier wirklich im Kern des Christusgeheimnisses und der Nachfolge Christi. Wohlverstanden: das gilt gerade auch für die Apostel, in deren Nachfolge die Episkopoi ja stehen wollen/sollen.

Ich habe nicht den Eindruck, daß die hierarchische Kirche in der Vergangenheit und in der Gegenwart diese Alternative zu den gesellschaftlichen Umgangsformen auch nur im Ansatz begriffen hätte. Und ich kann verstehen, warum gerade in der geistlichen Tradition immer auch eine Weigerung, das Bischofsamt anzunehmen (Franz von Assisi), bzw. eine Kritik des Amtes (Bernhard von Clairvaux) festzustellen ist.

2. Die Gesetze der Kollegialität und Subsidiarität sind vom Konzil wieder neu entdeckt worden. Bischofskonferenzen sind in der Folge aufgewertet worden, profilierte Bischofspersönlichkeiten sind aufgetreten, Synoden haben stattgefunden – von alldem ist heute nicht mehr viel zu spüren: es gibt kaum Bischöfe in Europa, die mit ihren Vorgängern bezüglich Persönlichkeit und Eigenständigkeit Schritt halten könnten. Die Synoden sind in ihren Ergebnissen nicht zum Zuge gekommen, und auch die Konzilstexte werden nicht mehr in ihrem objektiv nachprüfbaren Wert genommen, sondern dem subjektiven Willkürprinzip unterworfen: «Es ist der Geist des Papstes, der den Geist des Konzils zum Geist des Konzils macht» (Erzbischof Groer bei der selbst der österreichischen Bischofskonferenz aufgezwungenen Bischofsweihe von Krenn). Ein solches Prinzip macht alles überflüssig, was in den letzten Jahrzehnten an Konzil, Synoden und anderen kirchlichen Ereignissen stattgefunden hat. Was bleibt, ist ein großer Frust und viel vergeblich eingesetzte Zeit und Mühe . . . Durch meine Auslandsreisen weiß ich, wie verheerend diese Entwicklung ist: die Kirche wird gespalten statt geeint, Depression statt Hoffnung wächst . . . Die Logik der Macht hat so gründlich wieder Platz genommen, daß man von einer geschwisterlichen Kirche kaum etwas ahnt. Die Art der *Bischofsernennungen ist überall (mit ganz wenigen Ausnahmen) zu einem Kraftakt geworden!*

3. Sie hätten sich auf Ihre *Gehorsamspflicht* dem Papst gegenüber berufen. Hier muß ich allerdings aus verschiedenen Gründen protestieren:

– Ich könnte Ihnen aus der Geschichte viele Beispiele gerade von Heiligen nennen, die sich aus geistlichen Motiven heraus geweigert haben, das Bischofsamt anzunehmen. Franz von Assisi, dessen Kirchlichkeit ja kaum in Frage steht, hat sich z.B. für seinen Orden geweigert (was dann spätere Generationen nicht mehr beachtet haben), Brüder aus seiner Gemeinschaft in die Hierarchie aufsteigen zu lassen – und das mit einer Leidenschaft, wie sie sonst kaum feststellbar ist: Ihm ging es gerade um die Berufung zum «Basisstand», um «Karriere nach unten». Da konnte keine Berufung durch Kardinäle oder Bischöfe etwas dagegen anhaben. Er hat somit der Logik der Liebe Raum gegeben, dem Kern des christlichen Glaubens. *Gehorsam ist Gehorsam zum Kern des Glaubens, nicht zu einem einzelnen Befehl bzw. zu einer besonderen Erwartung eines Papstes.* Auch in jüngster Zeit noch hat es Bischofsernennungen gegeben, die von den betroffenen Personen abgelehnt wurden, sogar am Weihetag innerhalb der Liturgie selbst!

– *Der Gehorsam, von dem wir Christen sprechen, unterscheidet sich vom «Ordnungsgehorsam», der dem Bereich der Welt angehört.* Ich habe mich in den letzten Jahren sehr viel mit dem Thema Gehorsam beschäftigt: Ordensgehorsam, kirchlichem Gehorsam – ich habe nicht das Gefühl, daß die Entwicklung, die wir in den Orden diesbezüglich mitgemacht haben und die wir als Rückkehr zum Evangelium empfinden, von den kirchlichen Amtsstellen auch schon nachvollzogen ist. Ich werde im kommenden Herbst in einem Buch diesem Aspekt besondere Aufmerksamkeit schenken: der Ordnungsgehorsam hat in der Bibel keinen Ansatz, es geht um liebende Hellhörigkeit, um Hörbereitschaft und Geschwisterlichkeit – und zwar auch von denen, die den Dienst im Volke Gottes versehen. Es ist höchste Zeit, einmal vom Gehorsam des Papstes und der Bischöfe zu reden! Es ist ein *Gehorsam von oben nach unten,* wie er in Menschwerdung und Kreuz zum Ausdruck kommt.

4. Von daher wird auch *die Berufung auf das Kreuz als Geschwätz und Ideologie entlarvt.* Gewiß ist das Kreuz der Ausdruck für Verfolgung,

der Preis der Treue zum Auftrag, den jemand von Gott bekommen hat. Aber das Kreuz ist auch ein Ausdruck der Ohnmacht, eine Hoffnung der Wehrlosen. Wer in einer Machtposition steht und auf Widerstand stößt, muß sich zumindest fragen, ob der Widerstand, den er erfährt, nicht der notwendigen Prophetie in der Kirche entstammt. Auch Jesus hat Widerstand geübt gegenüber dem Tempelkult in Jerusalem, gegenüber der gesetzlichen Frömmigkeit der offiziellen Theologen- und Priesterzunft. Jesus wurde ans Kreuz geschlagen, nicht die Pharisäer. Es wäre eine großangelegte Perversion, wenn nun plötzlich die Machthaber den Widerstand, den sie erfahren, als Schicksalsgemeinschaft mit dem Gekreuzigten hinstellten: Für die Bestätigung der Machtverhältnisse ist Christus nicht gekommen.

Ich bitte Sie, Herr Haas, diese meiner Meditation erwachsenen Einsichten (sie waren schon da, bevor sich das Problem Ihrer Bischofsernennung stellte) zu bedenken. Ich bin der Meinung, daß unsere kirchliche Situation nichts so sehr braucht wie den Geist Jesu. Diesen Geist Jesu sehe ich heute verraten durch die Art und Weise, wie Bischofsernennungen zustande kommen und durchgesetzt werden. Darum meine ich, daß Sie gerade dann ein Zeuge der Zuversicht und der Hoffnung werden könnten, wenn Sie auf das Ihnen zugedachte Amt verzichten. Sie werden sonst die bittere Erfahrung machen müssen, daß Sie isoliert dastehen in Ihrer Diözese. Und eine solche Situation ist für den Bischofsdienst selbst nicht zuträglich. Ich gehe also mit meiner Bitte weiter als jene, die von Ihnen nur den Verzicht auf das Nachfolgerecht fordern. *Wir müssen einen neuen Anfang machen.* Ich glaube, daß Sie der Mann wären, der diesen neuen Anfang signalisieren könnte. Und das würde Sie ehren! Seien Sie der Basis der Kirche gehorsam.

Ich bete für Sie, daß Sie Kraft finden, das zu tun, was dem Willen Gottes wirklich entspricht!

Mit freundlichen Grüßen Anton Rotzetter

Maria – Christliches Menschenbild – Mann und Frau in der Kirche

Vortrag für das Dekanat Zug (26.3.1988)

Die Themenzusammenstellung «Maria – christliches Menschenbild – Mann und Frau in der Kirche» ist nicht zufällig. Tatsächlich hat alles miteinander zu tun. Anhand einiger Thesen möchte ich das verdeutlichen.

1. Dreizehn Thesen

These 1

Die marianische Frömmigkeit des ersten Jahrtausends hat einen anderen Inhalt als jene des zweiten Jahrtausends.

Im ersten Jahrtausend erfüllt Maria – vereinfacht gesagt – eine mehr *symbolische Funktion.* Maria ist identisch mit «Kirche» und mit «menschlicher Seele». Die Aussagen sind spiritueller Natur und austauschbar. Im zweiten Jahrtausend erfüllt Maria eine mehr *personal-historisierende Funktion.* Maria wird immer mehr aus dem Gesamtzusammenhang, in dem sie steht, herausgelöst und isoliert als Einzelperson verstanden. Sie wird die «Superfrau», die man verehrt.

THESE 2

Die marianische Frömmigkeit des zweiten Jahrtausends verdrängt in einem allmählichen Prozeß die Mittlerfunktion Jesu und wird zu einer *Ersatzchristologie.*

Je mehr die Menschlichkeit Jesu zugunsten seiner Göttlichkeit vergessen wird, umso mehr braucht es einen Menschen, der ist wie wir: Maria, die allmählich die Stelle einnimmt, die eigentlich Jesus gehört.

THESE 3

Die traditionelle marianische Spiritualität ist geprägt durch *offensichtliche Leib- und Sexualitätsfeindlichkeit.*

Durch eine Vielzahl von Belegen könnte deutlich gemacht werden, daß Zeugung, Empfängnis und Geburt in einem unauflöslichen Zusammenhang mit Sünde und Schuld stehen. Es galt als allgemeine Lehre, daß die Sinnenlust aus dem ehelichen Akt vollkommen auszunehmen sei. Je sinnenhafter und lustbetonter der eheliche Akt, umso sündhafter ist dieser. Je mehr es einem Paar gelingt, die sexuelle Lust aus dem geschlechtlichen Akt zu bannen, je heiliger ist das Paar (da wir nun einmal Menschen sind, muß halt der Mann außerhalb der Ehe, im Bordell, seine Lust befriedigen: so das Buch «de amore» von Andreas Capellanus aus dem 12. Jahrhundert). Entsprechend müssen alle sinnlichen und sexuellen Vorgänge von Maria ferngehalten werden: sie ist im biologischen Sinn Jungfrau, sie gebiert ihren Sohn ohne Durchbrechung des Schoßes, im «Nu» ist er da und leuchtet wie die Sonne.

Da wir heute ein gewandeltes Leib- und Sexualitätsverständnis haben, ist dieses Marienbild weltfremd, diese Maria weder als Frau noch als Mutter modellhaft (vgl. dazu: G. Duby; J. Dalarum).

THESE 4

Die traditionelle Marienfrömmigkeit ist geprägt durch eine *patriarchalische Frauenfeindlichkeit.*

Nach dieser Auffassung ist der Mann das mehr geistige Prinzip: Verantwortung, Ordnung; die Frau jedoch das mehr sinnliche Prinzip: Verführung und Sünde. Die Frau ist Eva, die für den Mann eine ständige Gefahr bedeutet.

Diese Auffassung steht in einer eigenartigen Beziehung zur zunehmenden patriarchalen Tendenz der Marienfrömmigkeit: je mehr die Frau an Bedeutung im öffentlichen Leben von Gesellschaft und Kirche verliert, um so mehr gewinnt Maria als weltjenseitige Gestalt an Profil. So bedingen Mariologie und Patriarchat einander.

These 5

Die traditionelle Marienfrömmigkeit ist trotz allem geprägt von einem *latenten Materialismus und Biologismus.*

Biblische Sprache ist wesentlich *Symbolsprache,* nicht philosophische oder gar medizinische Begriffssprache. Wer z.B. die «Jungfrauengeburt» als biologische Aussage versteht, bewegt sich auf der gleichen biologistischen Ebene wie derjenige, der sie leugnet. Er verkennt die eigentlich theologische und spirituelle Aussage der Bibel.

These 6

Die traditionelle Marienfrömmigkeit *widerspricht aber nicht nur in der Sprachform, sondern auch den geschichtlichen erhebbaren Fakten der Bibel.* Die historische Maria hat ein anderes Gesicht als die Maria der Mariologie.

These 7

Eine attraktive Mariologie muß darum ganz neu ansetzen: Sie muß anknüpfend bei der Mariologie des ersten Jahrtausends in Maria wieder eine *Symbolisierung, Poetisierung und Projektion des neuen Menschenbildes* sehen.

These 8

Das biblische Menschenbild ist u.a. wesentlich im Symbol der «Frau» bzw. «*Jungfrau*» zu greifen. Darin kommt die radikale Verwiesenheit des Mannes und der Frau auf das Geheimnis Gottes zum Ausdruck – und zwar unabhängig davon, ob er/sie verheiratet ist oder nicht. Dies erklärt sich daraus, daß man alle Aktivität und Initiative im biologischen Ablauf im Mann erkannte, alle Passivität und die ganze Empfänglichkeit in der Frau. Damit wurde die Frau zum Symbol für den auf Gott verwiesenen Menschen und der Mann zum Symbol für Gott.

Das patriarchalische Mißverständnis beruht darin, daß diese Symbolik zum Organisationsprinzip in der Kirche erhoben wurde: Nur der Mann ist zum Priester geeignet. Dieser Prozeß setzt schon in der Bibel ein.

Die Symbolik muß überdies heute als Ergebnis einer falschen Naturbeobachtung gedeutet werden: erst im letzten Jahrhundert wurde der Eisprung der Frau entdeckt, was die eigenständige Aktivität der Frau im Zeugungsakt auch biologisch bewies.

These 9

Wir müssen davon ausgehen, daß Mann und Frau absolut gleichen Rang haben. Das betrifft nicht nur ihre Stellung vor Gott, sondern auch ihre Stellung in der Kirche. Historisch gesehen deuten alle Indizien darauf hin, daß die Frau ebenso wie der Mann priesterliche Funktionen ausübte.

Wir müssen alle patriarchalen Tendenzen in uns erkennen und zugunsten einer neuen Communio von Mann und Frau aufgeben. Das ist umso schwerer, als auch der bestgesinnte Mann immer noch das Ergebnis des Patriarchates ist und sich darum patriarchalisch verhält. Aber auch die Frau ist oft das Produkt dieses Patriarchats und kann sich nicht verhalten, wie es ihrem eigenen Stand eigentlich gebührte (vgl. G. Dautzenberg u.a.).

These 10

Freiräume sind nicht einfach gegeben, man muß sie sich «erobern» und schaffen. Dabei ist der «liebende Gehorsam» (1 Petr 1,22) zu beachten.

Gehorsam ist demnach viel fundamentaler zu verstehen, nicht als Dienst an der Ordnung, also vertikal, sondern als liebendes Hinhören nach allen Seiten: in mich selbst hinein, auf meine Mitarbeiter, auf meine Gemeinde und auf jeden einzelnen in ihr, auf die anderen im kirchlichen Dienst Stehenden, auf die Zeichen der Zeit, und in allem auf das Christusereignis, wie es sich im Evangelium bezeugt und erst danach auch im Sinne der Organisation.

Die traditionelle Befehls- und Organisationsstruktur funktioniert nur solange, wie der Befehlende auf prompte, nahezu militärische Ausführung zählen kann. Wo das nicht mehr automatisch zu erwarten ist, geht der Anspruch zurück. Darum braucht es die *Solidarität der Priester, Laientheologen und -theologinnen.* Ohne diese Solidarität können sich gewonnene Freiräume nicht halten.

These 11

Die Kirche muß auf allen Ebenen wieder zu einem angstfreien, herrschaftsfreien, machtfreien Raum werden. Positiv gesagt: Sie muß als *Kontrast zu den politischen Organisationsformen die Geschwisterlichkeit einüben und leben:* «Bei euch soll es nicht so sein» (Mt 20,26): Da soll es gerade anders zu- und hergehen als im Staat. Jede Form von Monopol, Privileg, Vorrang, Klerikalismus widerspricht zutiefst der spezifisch christlichen Gotteserfahrung, wie sie sich in Menschwerdung, Kreuz und Eucharistie bezeugt (Lk 22,24-27; Joh 13; Phil 2). Die Kirche als Organisation und jeder einzelne Amtsträger müssen sich daran messen lassen.

These 12

Die Herleitung des priesterlichen Amtes von Christus ist zu hinterfragen. Die Stelle Christi vertritt nicht der Amtsträger, sondern der

Heilige Geist. Die Herleitung des Amtes aus Christus verführt den Inhaber allzu oft zu einsamen Entscheiden und zu einem Machtanspruch, der ihm nicht gebührt. Mit Franz von Assisi (Erm 1) ist die Herleitung des Amtes vielmehr aus Maria zu sehen. Dort, wo im historischen Akt der Menschwerdung Maria steht, steht bei Franziskus beim sakramental-mystischen Akt der Eucharistie der Priester. Wie Maria in ihrem Leersein, im Sich-Zurücknehmen die Gegenwart des demütigen Gottes ermöglicht, so muß auch der Priester der Geburt Christi und einer neuen Gemeinde Raum geben. Ekklesiogenese, die Geburt der Kirche, ereignet sich nur nach dem Vorbild Marias.

These 13

Psychologisch gesehen ist in Zukunft mehr Aufmerksamkeit auf unser Streben nach Macht bzw. nach Geltung und Bedeutung zu legen. Dieses Streben ist zwar nicht so deutlich spürbar wie die erotische Faszination oder die Sexualität, doch umso bedeutungsvoller.

Erotik und Sexualität sind an sich auf Gemeinsamkeit hin angelegt. Gerade der Zölibatäre sollte sich dieser Anlagen des Menschen bewußt werden. Wer sie verdrängt oder gar verteufelt, verhindert Zusammenarbeit, Gemeinsamkeit, Geschwisterlichkeit.

Macht und Geltungsdrang sind auf Distanz und Trennung angelegt. Sie sind in unserer Kirche weder als positive (jeder Mensch hat ein Recht, jemand zu sein) noch als dämonische Kraft (Zerstörung der Communio) erkannt.

2. Zu These 5: Die Frau am Himmel, oder: Die Geburt des neuen Menschen

Heute verbinden sich mit der Frau am Himmel viele Hoffnungen und Sehnsüchte. Das war schon seit alters her so. Das Bild aus der Offenbarung des Johannes ist einzubetten in die Geschichte des Bildes: Schon vorher gab es ein Bild, und erst recht nachher wurde es in vielen Varianten abgewandelt.

Da! Das Zeichen!
Die Himmelserscheinung!
Ein riesiges Mal tat sich auf,
und sichtbar wurde:
die FRAU,
umstrahlt von der Sonne,
der Mond: zu ihren Füßen,
auf ihrem Haupt
ein Kranz aus zwölf Sternen.
Ihr Leib war gewölbt:
sie ist schwanger,
die Frau,
sie schreit in Kindsnot,
gequält von den Wehen
und der Not des Gebärens.

Offb 12,1-2

Wer könnte sich diesem Zeichen aus der Offenbarung des Johannes entziehen? Urgewaltig ist die Sprache, und die Bilder rühren bis hinab in den Grund der Seele.

Doch wenn man sagen muß, was damit gemeint ist, kommt man in Not. Das zeigt auch die Auslegungsgeschichte, die bis heute noch nicht abgeschlossen scheint.

2.1 Viele Bilder für die gleiche Sache

Vielleicht ist es gut, einmal darauf hinzuweisen, daß das Neue Testament ein Zentrum hat. Es geht um eine einzige Sache, die in immer wieder neuen Bildern umschrieben wird.

Was könnte dieses Zentrum sein, wenn nicht Jesus Christus und die neue Schöpfung, die mit ihm beginnt? Die neutestamentlichen Autoren betonen immer wieder, daß diese neue Geburt, das Entstehen einer neuen Welt, die in Jesus Christus ihre Mitte hat, reines Geschenk ist, eine Gnade des Himmels, nicht Leistung der Menschen. Vielleicht ist es gut, auf die vielen Bilder hinzuweisen, die diesen einen Sachverhalt zum Ausdruck bringen:

– Matthäus und Lukas sprechen von der *Jungfrauengeburt:* Ein Bild für das Unmögliche: noch nie hat eine Frau ohne Zutun eines Mannes geboren! Aber eben ein Bild unter anderen Bildern für ein und dieselbe Aussage: Der neue Mensch entsteht aus reiner Gnade, er ist nicht das Ergebnis einer geradlinigen Aufwärtsentwicklung der Menschheit.

– Johannes spricht von der *Geburt von oben:* Ein Bild für das Ungenügen der rein biologischen Geburt: ob gewollt oder nicht gewollt, es genügt nicht, einfach vorhanden zu sein. Wir müssen unser eigentliches Leben als Geschenk des Himmels empfangen, müssen in einer personalen Begegnung mit dem letzten Geheimnis der Welt als Söhne und Töchter Gottes offenbar werden: Der neue Mensch entsteht nicht aus Fleisch und Blut, sondern aus der unverdienten Liebe des lebendigen Gottes.

– Paulus spricht von der *neuen Schöpfung:* Ein Bild für die Unterbrechung, welche die menschliche Geschichte erfüllt: es geht nicht einfach weiter, wie es schon immer war. Die neue Schöpfung entsteht «aus dem Geiste», nicht «aus dem Fleische», aus der Kraft des lebendigen Gottes.

– Die Evangelisten sprechen von einem *direkten Eingriff des Himmels:* Ein Bild für den absoluten Neubeginn, den wir in Jesus von Nazaret zu begreifen haben: Der Himmel tut sich auf über dem Haupt Jesu; die Taube als Sinnbild der göttlichen Schöpferkraft erscheint, eine Stimme erschallt: Dieser ist mein geliebter Sohn. Die neue Schöpfung versteht sich nicht von selbst, sie verdankt sich einem Eingriff Gottes.

2.2 Die himmlische Frau

Das Kapitel 12 der Offenbarung des heiligen Johannes ist noch einmal ein Bild für die gleiche Sache: Die Geburt einer neuen Menschheit kann nicht hier auf Erden passieren, sie gehört vielmehr der Ordnung Gottes, des Himmels an. Mitten in den Wirren der Geschichte, mitten im schrecklichen Überhandnehmen der Macht und der Gier, mitten in einer totalen Bedrohung der Welt (das meint das Bild vom «Drachen»), schafft Gott – am Himmel – einen neuen Menschen und eine neue Welt. Und kein Drache kann das letztlich verhindern.

Interessant ist, daß hier wiederum eine Frau ins Bild kommt, diesmal aber nicht eine Jungfrau, sondern eine Frau, die eine schwere Geburt hat: innerlich (sie schreit, ist gequält und in Not) und äußerlich (da ist der Drache). Wer ist diese Frau? In den ersten 1000 Jahren hat man es konsequent abgelehnt, darin *Maria* zu sehen. Heute ist die marianische Deutung selbstverständlich geworden, wie ein Blick auf die geistliche Literatur und auf die kirchliche Bildwelt des zweiten Jahrtausends zeigt.

Früher deutete man die Frau entweder theologisch: Man sah in ihr eine *Personifikation der göttlichen Weisheit.* Damit käme eine weibliche Dimension in Gott zum Ausdruck, wie sie schon im Alten Testament greifbar wird. Oder man deutete sie *anthropologisch:* Man sah in ihr das Alte Testament, also das alttestamentliche *Gottesvolk,* oder dann die *Kirche,* oder ganz allgemein *die Menschheit* oder noch konkreter *die menschliche Seele.*

In jedem Fall aber gilt, daß die Geburt nicht das Ereignis von Fleisch und Blut ist, sondern etwas radikal Neues: Es ist eine Geburt, die ihre Herkunft im Himmel, bei Gott selbst hat.

Vielleicht kommen wir weiter, wenn wir noch viel konsequenter als bisher zwischen Bildform und Bildaussage unterscheiden. Nur so lösen sich auch die Widersprüche auf.

Die biblischen Autoren sprechen die Sprache der Menschen, zu denen sie reden, der Kultur, der sie selbst angehören. Und diese Sprache und Kultur ist immer schon geprägt durch verschiedene Einflüsse: Ägypten und Griechenland, Persien und Rom und noch viele andere Kulturen prägen Bild- und Redeweisen. Unter diesen wählt ein biblischer Autor diese, der andere jene aus, um das Einmalige und Einzigartige zu beschreiben, was jeder in Jesus Christus erkannt und erfahren hat. So sind wir heute sicher, daß sowohl die Bildvorstellung von der Jungfrauengeburt als auch jene von der himmlischen Frau älter als die christliche Offenbarung, ja sogar außerbiblischen Ursprungs sind. Wir können heute den Weg verfolgen, welchen ein ursprünglich ägyptisches Bild genommen hat, um schließlich im letzten Buch des Neuen Testamentes etwas ganz anderes und einmalig Neues zu sagen.

Dieses einmalig Neue ist die Verbindung mit Jesus Christus und seiner Verkündigung. Es geht um die Hoffnung wider alle menschliche Hoffnung: daß Gott Raum und Rettung schafft in einer bedrohten Welt; daß er eine neue Menschheit entstehen läßt in einem Menschen, der sein eigener Sohn ist; daß er den Tod Jesu überwindet und durch seine Auferweckung der Menschheitsgeschichte eine Richtung gibt, die letztlich in einem «neuen Himmel und in einer neuen Erde» mündet, wo es keinen Tod mehr gibt, keine Not, keine Nacht, keine Tränen und wo es keinen Tempel mehr gibt, weil Gott selbst unter uns wohnt.

3. Zu These 7: Maria, oder: Die Poesie des Glaubens

Viele Schwierigkeiten in der marianischen Frömmigkeit lösen sich auf, wenn wir diese als Ausdruck der meditativ-poetischen Kraft des Glaubens verstehen lernen.

Was die einen (die Protestanten) auf den Begriff bringen, verdichten die anderen (die Katholiken) in ein Symbol, letztlich meinen beide dasselbe. So habe ich vor langer Zeit im ökumenischen Gespräch argumentiert. Inzwischen hat sich dieser Ansatz bei mir weiter entwickelt. Ich möchte hier, ohne Anspruch auf letzte theologische Konsequenz und Richtigkeit, meine marianische Sicht darstellen.

3.1 Schwierigkeiten mit der geschichtlichen Maria

Viele, besonders jene, die etwas von Exegese verstehen, haben Schwierigkeiten, die Maria der Bibel mit der Maria der katholischen Tradition zu verbinden. Auf der einen Seite gibt es einen Grundsatz («de Maria numquam satis» – über Maria kann man nie genug sagen!), der an sich schon geeignet ist, über das Ziel hinauszuschießen. Auf der anderen Seite bestehen scheinbare Widersprüche zu den Aussagen der Evangelien, wenn man sie bloß auf die historische Gestalt Mariens bezieht (weniger, wenn man die Gesamtaussagen des Evangeliums in Betracht zieht). Ich möchte nun ausdrücklich betonen, daß diese Kluft nicht mein Thema ist. Mein Ziel ist nicht die Zerstörung eines Bildes oder gar die Vernichtung eines persönlichen Verhältnisses zu Maria.

3.2 Realitätsbewältigung

Mein Ansatz ist vielmehr ein poetischer. Wenn man die Dichter fragt, was sie mit ihrem Schreiben bezwecken, dann geben sie oft die Antwort: Wir müssen schreiben, wenn wir weiterleben wollen; die Wirklichkeit ist so bedrängend, so einengend, ja so tödlich – daß nur ein Ausweg bleibt: sich eine neue Wirklichkeit erschaffen, eine neue Welt, in der man leben und atmen kann, eine Gegenwelt, in die hinein wir uns wandeln können.

Das ist auch der Weg, den der Glaube geht, die Art, wie unsere Hoffnung Gestalt bekommt. Wir bauen auf Gott, rechnen mit ihm, nicht nur in der Zukunft, sondern hier und jetzt, inmitten der Ängste und Nöte dieser Welt.

Dieser Glaube erschafft sich eine Gegenwelt, eine Welt, die greifbar wird im Symbol der Frau, die am Himmel erscheint, bekleidet mit der Sonne, bekränzt mit den Sternen, den Mond zu ihren Füßen ... (Offb 12). Im Aufblick zu dieser Gestalt wissen wir, daß wir eine Zukunft in Gott haben.

3.3 Die Frau als Symbol

Voraussetzung für die Verdichtung des Glaubens im Symbol der Frau ist ein bestimmtes, zeitbedingtes Menschenbild. Der Mann, so glaubte man bis ins 19. Jahrhundert (wer es heute noch glaubt, hat den biologischen Erkenntnisfortschritt nicht zur Kenntnis genommen), ist im Zeugungsakt aktiv, die Frau rein passiv. Darum ist der Mann das Symbol für Gott, von dem alle Energie, alle Initiative, alle Kraft ausgeht – die Frau aber das Symbol für den Menschen, der ganz und gar auf Gott verwiesen und von ihm abhängig ist.

Darum kann der Glaube alles, was er glaubt, erhofft und liebt, in einer Frauengestalt zusammenfassen, konzentrieren und anschauen. Der Glaube erschafft sich – mit der Kraft und in der Gestalt der Poesie – ein figürliches Gegenüber, eine Frau, die man legitimerweise Maria nennen kann. Denn in einer Frau namens Maria hat historisch begonnen, was wir jetzt glaubend ergreifen wollen.

Dies ist die Hypothese. Dazu einige Beispiele.

3.4 Unbefleckte Empfängnis

Daß es eine böse Geschichte gibt, brauchen wir nicht ausdrücklich zu betonen. Wir sind in Zusammenhänge hineingestellt, denen wir nicht entweichen können.

Das letzte Jahrhundert, in dem dieses Dogma definiert wurde (ich würde lieber sagen: in dem ein verbindliches Gegenbild, ein Meditationsbild entworfen wurde), ist geprägt durch die aufkommende Industrialisierung. Die Menschen werden dem Kapital und den Maschinen unterworfen, sie verlieren im Elend und in der erzwungenen Arbeit ihre Würde. Sie sind gefangen von einem mechanistischen Weltbild: die einen glauben, alles zu können und zu dürfen – die anderen können nichts und stehen ohnmächtig da.

Der Glaube aber rechnet mit Gott. Er weiß, daß Gott die böse Geschichte durchbrechen kann. Das Böse kann sich nicht kontinuierlich weiterzeugen, es wird unterbrochen durch die Allmacht Gottes. «Die Gnade allein!» – Haben wir das nicht schon aus einer anderen Ecke gehört?

Das Gegenbild entsteht: Die Frau, in der das Böse keinen Anhalt hat, der Mensch, der eine andere Geschichte hat, eine Geschichte, in die hinein wir wachsen können.

3.5 Aufnahme Mariens in den Himmel

Ich habe den Weltkrieg nicht bewußt erlebt, aber wenn ich die Bilder betrachte, die im Fernsehen oder in Büchern bis heute zu sehen sind, dann überkommt mich das große Grausen. Die Verachtung des Menschen hatte System, die Zerstörung des konkreten, leibhaften Menschen Methode.

Der Glaube aber rechnet mit Gott. Er weiß, daß Gott dem Menschen zugewandt und ein menschenfreundlicher Gott ist. Gott will das Leben des konkreten, leibhaftigen Menschen.

Das Gegenbild entsteht: Die Frau, die mit Leib und Seele in den Himmel aufgenommen ist, der Mensch, der ganz und gar bei und durch Gott lebt, eine Verheißung, in die hinein wir wachsen können.

3.6 Geburt aus der Jungfrau Maria

Immer wieder verfallen wir Menschen dem Irrtum, alles entstehe aus dem Willen des Menschen. Die Geschichte sei eine Frage des Stammbaumes, der Mensch das Ergebnis verschiedener Erbtraditionen. Bis heute sind wir der Meinung, daß alles biologisch erklärbar ist. Vor 20 Jahren las ich ein Buch «Die Biologie und der liebe Gott». Darnach ist alles: Liebe, Haß, Glaube, Zweifel, Freude, Depression ... das Resultat chemischer Reaktionen im Hirn des Menschen. Und auch heute noch sind viele der Meinung, daß wir den idealen Menschen durch Eingriffe in die Gen-Substanz aus eigener menschlicher Leistung hervorbringen können.

Der Glaube aber weist diese innergeschichtliche, innerbiologische Sicht der Dinge von sich. Er rechnet mit Gott. Er muß in die Geschichte eingreifen, damit ein anderer, erlöster und befreiter Mensch entsteht.

Das Gegenbild entsteht: Die Frau, die sich völlig dem Wirken Gottes überläßt und so den wahren Menschen hervorbringt – nicht aus den Möglichkeiten der Geschichte und der Biologie, sondern allein in der Kraft des Allerhöchsten. In ihr schauen wir eine neue Möglichkeit, in die hinein wir wachsen dürfen.

3.7 Gottesmutter

Wie sollen wir das Verhältnis Gott und Welt deuten? Pantheistisch, so, daß Gott alles ist? Immanent, so, daß Gott schon immer in allem anwesend ist? Transzendent, so, daß Gott absolut jenseits unserer Welt ist?

Der Glaube weist alle diese Antworten von sich. Er glaubt zwar, daß Gott in allem gegenwärtig ist, aber auch, daß er jenseitig ist. Er rechnet weder mit der Selbstverständlichkeit seines Daseins, noch seiner bleibenden Abwesenheit.

Das Gegenbild entsteht: Die Frau, die Gott in sich aufnimmt, in ihrem Leibe trägt und gebiert, der Mensch, der in seiner Offenheit und in seiner Empfänglichkeit ein Geheimnis zum Ausdruck bringt, das nicht mehr erklärbar ist, eine Möglichkeit, die uns allen zugänglich ist. Darum wurde diese Aussage bereits von der Bibel («Wer den Willen meines Vaters tut, der ist mir Mutter . . .»), aber auch von den Mystikern (z. B. von Franz von Assisi: Mütter sind wir ihm, wenn wir ihn empfangen, in unserem Leibe tragen und durch ein heiliges Wirken gebären: BrGl) auf die einzelnen Glaubenden und auf die ganze Kirche übertragen.

Schluß

Fürs erste soll das genügen. Ich bin überzeugt, daß sich die von mir zugrundegelegte Hypothese auch an anderen Dogmen und marianischen Festgeheimnissen erweisen läßt. Jeder ist aufgerufen, seine meditativ-poetische Kraft des Glaubens sprechen zu lassen.

Die Grundaussagen, die sich mit dem jeweiligen Gegenentwurf zur Wirklichkeit verbinden, lassen sich samt und sonders biblisch begründen, vielleicht nicht direkt mit der historischen Gestalt Mariens, aber sicher mit der Grundintention der Bibel.

Plädoyer für eine prophetisch-politische Spiritualität

Vortrag beim «Mittwochsgespräch» am 6. November 1985 in Düsseldorf

Wer ein *Plädoyer* hält, weiß, daß die Sache, für die er eintritt, umstritten ist. Er weiß aber ebenso, daß diese Sache zur Entscheidung ansteht. Er wird darum mit aller Leidenschaft, zu der er fähig ist, dafür einstehen und Argument für Argument anführen, um jene zu überzeugen, welche entscheiden sollen. Er wird sich aber auch dessen bewußt sein, daß die Vertreter einer anderen Meinung nur schwer zu überzeugen sind, schon gar nicht, wenn es um *«Politik»* geht.

Zunächst möchte ich sagen, daß es nicht angeht, von einem sekundären Gebrauch des Begriffes «Politik» auszugehen. Nicht «Parteipolitik» ist gemeint – das ist eben dieser sekundäre Gebrauch des Begriffs –, wenn in meinem Plädoyer von «Politik» die Rede ist. Ich schließe mich vielmehr Aristoteles an, der den Menschen als *«politisches Wesen»* definiert, als einen Menschen, der in ein soziales Gebilde hineingestellt ist, in ein Geflecht von Beziehungen, in die Stadt (= «polis»), in eine Gemeinschaft oder in eine Gesellschaft. Hier wird der Mensch geprägt, in seinem Wesen bestimmt – auch dann noch, wenn er die Werte der Gesellschaft nicht mehr zu teilen bereit ist. Und umgekehrt: Diese sozialen Gegebenheiten werden vom einzelnen Menschen mitgetragen oder verändert, auf diese oder jene Weise beeinflußt. Der Mensch kann – nach dieser aristotelischen Definition – also nur als politischer Mensch wirklicher Mensch sein.

Nun ist aber zu bedenken, daß mit dieser Definition des Menschen nicht alles gesagt ist, was man zum Wesen des Menschen sagen muß.

Der Mensch ist noch etwas anderes. Er ist auch ein *« mystisches Wesen »*. Er ist wesentlich auf Gott hin angelegt und kann darum nie ganz in Gesellschaft, Gemeinschaft, Beziehungen, Welt aufgehen. Er streckt sich immer auch nach dem aus, was mehr ist als Welt. Seine Würde besteht in seinem eigenständigen, unaustauschbaren und einmaligen Offensein für das große Du, das hinter allem steht und in allem anwesend ist. Dieses Offensein ist nicht als bloße Möglichkeit zu verstehen. Es wird vielmehr erlebbar schon in den kleinen Widerfahrnissen und Geschehnissen des Alltags: etwa wenn mich die strahlenden Augen eines Kindes zum Staunen bringen oder wenn ich vor einer Pusteblume verwundert stehenbleibe oder wenn mich das zerschundene Antlitz eines Menschen vor letzte Fragen stellt. Wenn der Mensch Mensch bleiben will, muß er ebenso mystisch wie politisch sein. Er muß in der Distanz zum politischen Bereich und im politischen Bereich selbst sein Offensein für Gott realisieren. Er wird immer wieder versteckt oder ausdrücklich religiöse Erfahrungen machen und die Tiefendimension der Welt erleben wollen. Er wird das Gebet, die Meditation, die Stille, den Gottesdienst als notwendigen Ausdruck seines menschlichen Wesens suchen und im Gegenüber zum Handeln das unverzweckte Dasein vor Gott pflegen.

Von dieser philosophischen Wesensbestimmung des Menschen her bin ich gezwungen, auch von einer politischen *Spiritualität* zu sprechen, von einem politischen Bewußtsein, das sich religiös verankert weiß und das sich auf verbindliche Weise auf die gesellschaftlichen Bedingungen einläßt. Mit anderen Worten: Auch der Christ muß auf die politische Wirklichkeit zugehen, mit spezifisch christlichen Motivationen, mit einer Verantwortung, die sich religiös begründet, mit jenem Geist, der Jesus von Nazaret erfüllt hat und nun hier und heute geschichtsmächtig sein will – zum Wohl der Menschen. Diese politische Spiritualität ist allerdings nicht identisch mit den politischen Normen einer Partei, mit den oft fragwürdigen Methoden einer innerweltlichen Ideologie oder mit den Auffassungen und Gegebenheiten eines konkreten Staates. Es gehört vielmehr zu dieser Spiritualität, daß sie oft und immer wieder in kritische Distanz gehen muß. Mit anderen Worten: Diese politische Spiritualität muß sich immer wieder als *prophetische* ausweisen: Sie muß alles und jedes auf Zukunft hin transzendieren – im Namen des lebendigen Gottes, dessen Verheißungen nie ganz eingeholt werden können.

1. Der Unterschied von Philosophie und Religion

Zuerst müssen wir uns einmal klar machen, daß der Ort jeder Religion der politische Bereich ist, und zwar nicht in einem allgemeinen unverbindlichen Sinn, sondern in dem Sinn, daß die konkrete Gesellschaft mit ihren Wertvorstellungen wesentlich vom religiös-mystischen Bereich bestimmt wird. Auch nicht nur in dem Sinn, daß die «religio» ein konkretes gesellschaftliches System an Gott zurückbindet, wie die Wortbedeutung anzeigt, ihm also so etwas wie Dauer und Bestand gibt. Nein, die Religion steht in einem unmittelbaren gesellschaftlichen Kontext. Ich möchte auf ein Buch von W. Hartmann hinweisen, das mich wie kaum ein anderes in den letzten Jahren gefesselt hat. Der Autor macht darauf aufmerksam, daß schon in der Sprache ein grundlegender Unterschied zwischen Philosophie und Religion besteht:

> «Im Gegensatz zur Sprache der Philosophie, die weithin abstrakte Begriffssprache ist, ist die Sprache der Religion konkret. Sie redet von Gott nicht als von einem höchsten Seienden, einer höchsten Idee oder dem Sein des Seienden selbst, sondern benennt ihn konkret als Vater, als Herrn, als König. Dieser Unterschied der Sprache weist auf einen unterschiedlichen Sitz im Leben der Menschheit ... Religion lebt unmittelbar im gesellschaftlichen und politischen Leben der Menschen, ja sie ist die Macht, die diesem Leben seine bestimmte Form und Gestalt gibt ... Dagegen könnte man die Eigentümlichkeit der Philosophie geradezu darin sehen, daß sie, von allen geschichtlichen Besonderheiten abstrahierend, nach dem Allgemeinen fragt, das immer gilt. Seit den Tagen der Griechen wird es als die Aufgabe der Philosophie angesehen, ihren Schülern die Kraft zu verleihen, dem Ansturm konkreter geschichtlicher Schicksale zu widerstehen. Mögen die geheiligten Formen individuellen und gesellschaftlichen Lebens zerbrechen: Philosoph sein heißt eine Haltung einnehmen, die dem Schicksal überlegen ist.
>
> Findet also Philosophie ihr höchstes Ideal im Bereich des Denkens, im Theoretischen, in der Erhebung über die jeweilige geschichtliche Existenz, so ist der ursprüngliche Bereich der Religion

der des Handelns und der Gestaltung. Daher die gesellschaftliche Konkretheit ihrer Sprache. Wenn in den Religionen die Beter Gott anrufen als Vater, als Herrn, als König, dann wissen sie, daß Vaterschaft, Herrschaft, Königtum nicht nur in der reinen Geistigkeit des Himmels und der göttlichen Idee da sind, sondern auch leibhaft und real auf der Erde.»

Faszinierend ist, wie W. Hartmann zeigt, auf welche Weise die Bibel in die vorgegebene gesellschaftliche Lebensform eingreift, wie das, was wir «Offenbarung» nennen, politisch wird. Das Verhältnis der Väter zu ihren Söhnen und der Söhne zu ihren Vätern wird ganz neu und anders als bisher bestimmt.

Die Söhne müssen sich von den Vätern trennen: Abraham geht fort, trennt sich von ihnen – ein neuer politischer Raum entsteht, der nicht nach rückwärts orientiert ist und nicht nach den Normen der Väter gestaltet wird, sondern von der Zukunft her, von den Verheißungen Gottes her. Aber auch umgekehrt: Die Väter dürfen ihre Söhne nicht mehr für die eigenen Zwecke opfern, sondern müssen sie freigeben. Abraham soll letztlich seinen Sohn nicht opfern, wie das die religiöse Praxis seiner Umwelt verlangt. Vaterschaft, ein Begriff, der dem politischen Bereich angehört, wird neu definiert als «Vaterschaft auf Zeit, die ihre eigenen Rechte begrenzt sieht durch das Recht des Verheißungsgottes, der den revolutionären Anspruch erhebt, sich den Söhnen auf andere Weise bekannt machen zu dürfen als den Vätern» (S. 15). Die Trennung von den Vätern gehört auch zum Nachfolgebegriff des Neuen Testamentes und zur jesuanischen Botschaft (vgl. Mk 1,20). Der Auszug aus dem Vaterhaus ist der Anfang des Glaubens. Aber nicht nur das: Das Gleichnis vom barmherzigen Vater (Lk 15,11–32) ist wohl auch ein Hinweis darauf, daß Gott ganz anders als irdische Väter ist und daß diese wohl an der Vaterschaft Gottes Maß nehmen müßten. Die Vaterschaft Gottes wird für die in Anspruch genommenen, «die auf Grund ihres besonderen Schicksals von den irdischen Vätern verstoßen, abgeschrieben und vergessen sind» (S. 17). Er ist auf der Seite der Verlorenen, der Armen und Sünder – und das kann gegen die irdischen Väter ins Feld geführt werden. Zusammenfassend nochmals W. Hartmann:

«Der neue Vater im Himmel wurde als der bekannt gemacht, dessen Recht das harte Vaterrecht der Alten Welt bricht, der den Söhnen das Recht gibt, gegen das Machtrecht des irdischen Vaters zu appellieren, der den irdischen Vätern die Pflicht auferlegt, ihre Söhne von sich weg zu befreien und den Söhnen das Recht auf eine eigene Zukunft einzuräumen, und der die Väter auffordert, ihren Söhnen dieses Recht ausdrücklich zu bestätigen, ohne sie damit aus ihrer Liebe zu entlassen» (S. 18).

Diese Darlegungen zeigen, wie politisch wirksam und brisant die Sprache der Religion sein kann. Nur müßten wir uns bewußtmachen, daß das im biblischen Kontext grundsätzlich so war. Und wenn Religion auch heute noch von Bedeutung sein will, dann kann sie dies nur sein, indem sie sich ihres politischen Charakters bewußt wird. Das könnte man mit anderen Begriffen erhärten, die zunächst aus dem gesellschaftlichen Leben stammen: Sohn (Gottes), Herr, König, Reich Gottes – vor allem diesen für Jesus zentralen Begriff –, aber auch Knecht Gottes und Menschensohn[1].

Die Selbstaussage Jesu bezieht sich in allegorischer Sprachgebung auf eine politische Wirklichkeit: ein Reich, in dem es nicht mehr animalisch, sondern eben durch und durch human zu- und hergeht; ein neues Lebensgefühl, dessen Realisierung man wie den Regen nach einer langen Trockenheit erwartet: Der Menschensohn wird «auf der Wolke» kommen. Wenn Jesus Christus sich immer wieder auf den Menschensohn bezieht, wie er im Buch Daniel gemeint ist, dann ist sein Wirken nicht mehr apolitisch deutbar. Zu diesen politischen Begriffen möchte ich auch die Begriffe «Frieden» und «Armut» zählen, die in der Spiritualität von eminenter Bedeutung sind.

Als Ergebnis ist festzuhalten: Der politische und der religiöse Bereich sind sprachlich nicht trennbar. Die Religion spricht von den Realitäten des politischen Bereiches – aber so, daß diese aufgebrochen werden und sich allmählich verändern können.

[1] W. Hartmann grenzt diesen Begriff zu «Messias» hin ab: Der Messias stünde auf der Seite der Menschen, sei eine politische Figur, während der Menschensohn eine göttliche Gestalt sei, die von außen herkomme und den politischen Gestaltungswillen der Menschen abbreche. Demgegenüber haben N. Lohfink und vor allem W. Kellner nachgewiesen, daß dieser Begriff nur als politischer verstanden werden kann.

2. Das Christentum ist eine andere Religion

Dieses Ergebnis gilt mindestens für die biblischen Religionen, wenn nicht sogar grundsätzlich für alle Formen des religiösen Ausdrucks. Bereits das Alte Testament spricht von einem *Gott, der Schöpfer ist und Geschichte macht*. Durch den Glauben an den menschgewordenen Gott, an einen Gott, der sich in einer konkreten menschlichen Geschichte verausgabt, durch den Glauben an Jesus von Nazaret also, erfährt der jüdische Gottesglaube eine neue Deutung. Das an sich ist bereits ein politisches Faktum – sonst hätte man nie vom sogenannten «christlichen Abendland» sprechen können, einer politischen Kategorie, die bis heute in bestimmten Kreisen eine Leitidee des politischen Handelns geblieben ist.

Die politische Bedeutung liegt meines Erachtens aber noch tiefer. Gott versteht sich nicht als weltabgehobene Instanz. Man begegnet ihm nicht in der Weltabgeschiedenheit, sondern in den geschichtlichen, ich möchte sagen: gesellschaftlichen, politischen, weltlichen Ereignissen. Mehr noch: Gott versteht die Welt als Geschichte, die auf Vollendung hin angelegt ist, die also nicht ein für allemal fertig ist, sondern ausgestaltet werden muß. In diesem geschichtlichen Prozeß sucht Gott «Verbündete»: das Volk Israel, Jesus von Nazaret, die Jünger Jesu, die Menschen ganz allgemein, aber ganz gewiß allen voran jene, die immer wieder zusammenkommen, um den Neuen Bund zu verkünden und zu feiern. Um es nochmals anders zu sagen: Wir sind Mitarbeiter an dem großartigen Projekt, das Jesus «Reich Gottes» nannte und für das er ermordet wurde. Gerade diese Ermordung durch die politische Instanz zeigt, daß das Wirken Jesu politisch verstanden wurde. Pilatus sah keinen Grund, die objektiv-politische Aussage der Kreuzesinschrift zu verharmlosen: «Jesus von Nazaret, König der Juden» (Mk 15,26). Jesus wurde politisch gedeutet, selbst wenn er es – wie die spiritualisierende Deutung seit Jahrhunderten behauptet – unpolitisch verstanden haben sollte. Dreierlei wird damit für uns wichtig:

2.1 Die apokalyptische und die prophetische Deutung der Geschichte

In der Bibel gibt es zwei gegensätzliche Geschichtsmodelle, die bis heute wirksam sind, aber nicht den gleichen Rang haben. Auf der einen Seite steht *das apokalyptische Geschichtsmodell,* das dem Vorderen Orient eigen war und auch in die Bibel eindrang. Auf der anderen Seite steht *das prophetische Geschichtsmodell,* das der Intention der Bibel eher entspricht. Der Unterschied zwischen Apokalyptik und Prophetie läßt sich mit W. Hartmann wie folgt beschreiben:

> «Der grundlegende Unterschied besteht darin, daß der Gott der Apokalyptiker auf die Mitarbeit der Menschen bei der Erreichung seines Geschichtsziels nicht mehr angewiesen ist. Er vollendet seine Welt allein, ohne jedoch den von ihm geschaffenen Menschen vollenden zu können. Darum ist der erste Akt apokalyptischer Weltvollendung der Gerichtsakt, in dem Gott den Widerstand der ihm widerstrebenden Menschenwelt mit hart zupackender Gewalt zerbricht. Dieses Gericht findet genaugenommen nicht mehr innerhalb der Menschengeschichte statt, sondern setzt der Geschichte von außen ein Ende. Geschichte kommt darum in der Apokalyptik nicht eigentlich zu ihrem Ziel, sondern sie wird abgebrochen. Das Gericht ist ein übernatürliches Geschehen, das von einer kosmischen Katastrophe begleitet wird. An die Stelle der alten Welt wird nach vollzogenem Gericht eine neue Schöpfung treten, ein neuer Himmel und eine neue Erde. Zwischen diesen beiden Weltzeiten aber gibt es keinerlei Kontinuität» (S. 61).

Die Propheten hingegen bezeugen, daß Gott seine Geschichte nicht abbrechen, sondern zu ihrem Ziel führen will – und zwar nicht gegen die, sondern mit der Hilfe der Menschen.

Selbstverständlich kann man im apokalyptischen Geschichtsmodell auch andere, positivere Aspekte herausarbeiten und auch in ihm eine sinnvolle Rede von Gott erblicken. Aber ich meine, daß das dann nur in der Verbindung mit dem prophetischen Denken geht.

Wir sprechen heute oft vom *mündigen Christen*. Man sagt, daß wir die Gottesvorstellung zur Gestaltung des politischen Bereiches nicht mehr brauchen. Die weltlichen Bereiche seien autonom. Es gäbe für Technik, Wirtschaft und Politik keine handfesten Rezepte, die man direkt aus der Bibel bzw. aus dem Glauben ableiten könnte. Die Menschen hätten gelernt, so zu leben, als ob es Gott nicht gäbe. Seit D. Bonhoeffer sind viele Theologen der Ansicht, daß das gut so ist und daß dies sogar in der ursprünglichen Intention Gottes liegt.

W. Hartmann schreibt dazu: «Wenn der Mensch mündig ist und Gott nicht mehr braucht, um mit seinem Leben fertig zu werden, dann kann sein Blick dafür frei werden, daß Gott ihn braucht» (S. 89). Glauben heißt dann nicht: Gott ist für mich da, sondern: Ich bin für Gott da, für das, was Gott durch Jesus Christus begonnen hat, für sein Reich, das gleichzeitig ein Reich des Menschen ist. Dieser Durchbruch aus einem ichbezogenen Glauben in die selbstlose Hingabe und in das Gebraucht- und Verbrauchtwerden durch Gott, in die reine Verfügbarkeit und in den Gehorsam hinein gehört in der Hagiographie zu den stets wiederkehrenden Motiven. Man lese nur einmal die Lebensbeschreibungen eines Heinrich Seuse, eines Martin Luther, eines Ignatius von Loyola, einer Teresa von Avila oder einer Madeleine Delbrêl. Immer wieder wird dieser mystische Durchbruch als «zweite Bekehrung» gekennzeichnet. Wenn dem aber so ist, dann werden nicht nur Akzente verschoben, dann geschieht mehr: Die Religiosität wandelt sich von einer rein innerlichen Gottesbeziehung zu einer politischen Gottesbeziehung, von einer rein privaten Gotteserfahrung zu einer sozialen Gotteserfahrung, von einem rein individuellen Lebenssinn zu einem radikal geschichtlichen Weltsinn. Ich kann und darf dann den politischen Bereich nicht mehr als sekundären Bereich betrachten, als Bereich, in dem ich meinen Glauben anwende und bewähre. Nach dieser Meinung wäre der Glaube immer noch Glaube, auch wenn er nicht politisch greifbar würde. Nicht so bei der Auffassung, für die ich plädiere. Der politische Bereich ist der primäre Bereich. Hier leuchtet der Glaube auf, hier allein wird er greifbar, hier hat er Hand und Fuß. Wenn der Glaube nicht politisch ist, dann ist es kein Glaube mehr. «Der Glaube für sich allein ist tot, wenn er nicht Werke vorzuweisen hat ... Denn wie der Körper ohne den Geist tot ist, so ist auch der Glaube tot ohne Werke» (Jak 2,17.26).

2.3 Gottes «Transzendenz» in die Welt hinein

In Jesus von Nazaret wird ein spezifisch christlicher Transzendenzbegriff greifbar. Transzendenz in einem allgemein religiösen Sinn übersteigt die Welt nach oben ins unermeßlich Weite. Nachdem aber Gott sich selbst in die Welt hinein transzendierte, sich entäußerte, sich erniedrigte (vgl. Phil 2,6 ff), darf er auch nicht mehr dort gesucht werden, wo er nicht sein will. Sein Ort ist das Konkrete und Greifbare, der menschlich-politische Bereich, wie wir an einer Vielfalt von sprachlichen Signalen im Neuen Testament ablesen können:

– außerhalb der Stadt, «weil in der Herberge kein Platz war» (Lk 2,7): eine sozialpolitische Angabe von höchster Bedeutung;

– in Nazaret, wo doch nichts Gutes herkommen kann (vgl. Joh 1,46): auch das eine sozialpolitische Einschätzung, wie mir scheint;

– bei denen, die «von Sinnen» sind (Mk 3,21): eine politische Abqualifizierung;

– im «heidnischen Galiläa», im «Volk, das im Dunkeln lebt» (Mt 4,15 f): ein Urteil des politischen Zentrums über die Peripherie;

– bei denen, die nichts haben, «worauf sie ihr Haupt legen können» (Mt 8,20): eine wirtschaftspolitisch bedeutsame Gegebenheit;

– bei den Armen ganz allgemein: nur sollten wir das Vokabular ernst nehmen, aus dem ersichtlich ist, daß Jesus mit den ökonomisch Schwachen verkehrte und auch ihre Sprache sprach;

– bei den Zöllnern, Dirnen, öffentlichen Sündern (vgl. Mk 2,15): nochmals sozialpolitische Kategorien;

– in den Kleinen und Geringgeachteten, den Nackten, Hungrigen, Obdachlosen, Gefangenen, Kranken usw. (vgl. Mt 25,31–46): eine nahezu vollständige Aufzählung der politischen Problemfelder;

– in den durch die Staatsgewalt Gefolterten, Bespieenen, Geopferten, Ermordeten: das Kreuz ist zuerst eine politische Maßnahme und erst dann das Zeichen unserer Erlösung.

Religiös, Christ ist demnach nur, wer diese Bewegung Gottes in den menschlich-politischen Bereich nachvollzieht. Wer nur «Herr, Herr» sagt, also nur liturgische Formeln wiederholt (vgl. Mt 7,21), nicht aber den Willen Gottes tut, das heißt, sich nicht auf den politischen Bereich einläßt, um dort das Reich Gottes zu leben, der ist nicht religiös in einem spezifisch christlichen Sinn. Selbst die große Kontemplativen waren sich bewußt, daß sie zu den Sorgen, Ängsten, Mühen, Lasten, Versklavungen des politischen Bereiches zurückkehren mußten, wenn sie sich zur Wahrheitssuche vorübergehend aus ihm zurückzogen. Wilhelm von Saint Thierry spricht diese Realitäten leidenschaftlich an, wenn er sagt:

> «Wir werden zu euch zurückkommen, nachdem wir angebetet haben. Wir werden zurückkommen, und wirklich: so schnell wie möglich werden wir zurückkommen. Die Liebe zur Wahrheit (caritas veritatis) führt uns von euch weg, aber die Wahrheit der Liebe (veritas caritatis) verträgt es nicht, euch zu vergessen und zu verleugnen. Aber wenn eure Not uns zurückruft, darf doch jene Sanftheit nicht gänzlich unterbleiben» (PL 367).

Mit anderen Worten: Wir brauchen um der Wahrheit unseres Tuns, unserer Ziele willen die häufige Distanz zum politischen Handeln, wir brauchen das Gebet, den Gottesdienst, die Meditation, das unverzweckte Dasein. Aber wer sich um dieser Wahrheit willen in den «mystischen» Bereich begibt, muß um der Liebe willen eine Rückfahrkarte lösen. Die Liebe ist nur wahr im konkreten Handeln.

Vielleicht müßte man heute die Beziehung zwischen Mystik und Politik noch enger zusammensehen, als das Wilhelm von Saint Thierry getan hat; so wie es Christopher William Jones in «Listen Pilgrim» in Verse faßt:

> «Fürchte dich nicht vor IHM. / Er ist ein Weib, alt und runzlig und nach Wein riechend, / Mit Turnschuhen und zerrissenem Pullover und / Einer brüchigen, zerrissenen Handtasche, / Und raucht eine eben gedrehte Zigarette. / Fürchte Dich nicht vor seiner Sprache / Oder seinem Aussehen / Oder seinem Geruch, / Er ist dein Gott.»

Und an anderer Stelle:

> «Wo ist Er heute? / Er ist schwarz und geprügelt / zu einem Klumpen auf einer Straße in Mississippi. / Er fällt von einem Toilettensitz / tot / mit Einstichen in seinen Armen. / Er steht in einer Ecke, weingetränkt. / Er wird eingeliefert als ‹ledig› / in die Geburtshilfe-Station eines Stadtkrankenhauses. / Er ist zwanzig Menschen, die in einem Zimmer zusammenwohnen. / Er ist zehn Menschen, die in einer Hütte in den Appalachen leben. / Er ist all dies und / mehr» (S. Cassidy, 120 und 126).

Das nenne ich politische Mystik oder mystische Politik. Wo Gott und Mensch sich in Jesus Christus verbinden, werden Mystik und Politik eine unauflösbare Einheit. Man kann dann wohl zwischen beiden unterscheiden, darf sie aber nicht voneinander trennen.

3. Politische Prophetie

Politisches Engagement hat weiterhin auf jeden Fall prophetisch zu sein, wie immer es sich konkret ausgestaltet. Das ergibt sich aus dem *eschatologischen Charakter* des geschichtlichen Projektes, das wir «Reich Gottes» nennen. Das Reich Gottes verwirklicht sich zwar in den geschichtlichen und gesellschaftlichen Ereignissen, leuchtet innerweltlich und innergeschichtlich auf. Es ist aber immer auf Zukunft hin offen. Es kann immer mehr sein als das, was erreicht ist. Darum gibt es keinen vollkommenen Staat, keine Politik, die sagen könnte, daß alles erreicht ist. Der Staat bzw. seine verantwortlichen Träger dürfen sich nicht zu Götzen machen, die sich absolut setzen und von ihren Bürgern bedingungslose Gefolgschaft verlangen. Im Gegenteil: Man muß sich bewußtmachen, daß jede politische Partei, jede Regierungsform, jede Institution sich allmählich vom Menschen entfernt und nur noch an Selbsterhaltung denkt.

Daraus ergibt sich, daß der Christ nur mit einer visionär-mystischen Schau an die Gestaltung der Wirklichkeit herangehen kann. Nur als Prophet wird er politisch tätig sein können. Prophetie beinhaltet seit alters her zwei ineinandergreifende Verhaltensweisen:

3.1 Der Christ muss sich als Fürsprecher und Anwalt der Armen verstehen

Die alttestamentlichen Propheten haben sich unermüdlich für die Witwen und Waisen, für die Kleinen und Armen, für die Verstoßenen und ungerecht Behandelten eingesetzt. Sie haben immer wieder darauf hingewiesen, daß Gott nicht Kult will, sondern Barmherzigkeit, daß er ein Vater der Armen ist und daß die Religion sich verfehlt, wenn sie nicht für die Armen Raum und Leben schafft. Auch Jesus von Nazaret steht in dieser Tradition. Er setzt sich für die Kleinen ein, stellt sie in die Mitte, vergeht sich sozusagen laufend gegen das Sabbatgesetz, weil er für die Armen und Kranken da ist und ihnen Heil und Heilung vermittelt. Er vertreibt die Händler aus dem Tempelbereich, weil dieser sich vom sozial-politischen Einsatz für die Armen dispensiert hat. Man kann im Neuen Testament so etwas wie eine Textstruktur erkennen, die das Ineinander von Mystik und Politik für die christliche Glaubensgemeinschaft herausstellt:

– Phil 2: Dem hymnischen Besingen der Entäußerung Gottes muß notwendig ein sozial-politisches Verhalten innerhalb der Gemeinde entsprechen: Seid so gesinnt, wie Jesus Christus gesinnt war; jeder soll nicht so sehr an sich selbst als an das Wohl der anderen denken; jeder soll der Logik der Liebe folgen, die sich dem andern unterordnet, nicht der Logik der Macht, die andere für sich vereinnahmt und ausbeutet.

– Kor 11,17–34: Dem liturgisch-symbolischen Brechen des Brotes muß die sozial-politische Wirklichkeit der Kirche entsprechen: Man darf niemanden vom Brotbrechen ausschließen; jeder soll zu essen haben; eine Mißachtung der Armen entleert die Eucharistie: Das nenne ich nicht mehr Herrenmahl halten.

– Lk 22,14–30: Dem sakramentalen Geschehen der Communio, in der alle als Brüder und Schwestern eins sind, muß notwendig das soziale Verhalten innerhalb der kirchlichen Gesellschaft entsprechen: Da darf es keine Privilegien, keine Monopole, keine Hierarchien, keine Inanspruchnahme besonderer Macht durch die Kleriker geben.

In allem wird spürbar, daß in der Gemeinde, die von Jesus ausgeht, eine neue Gesellschaft greifbar werden soll, in der die Kleinen und Armen ebenso Personen sind wie die anderen. «Sie hatten alles gemeinsam» (Apg 2,44) – das war ihre Devise. Mehr noch: das politische Verhalten mußte sich an den Armen und Kleinen orientieren, mußte vor allem ihr Wohl suchen und vor Augen haben.

Selbstverständlich sind das alles Aussagen, die für den innerchristlichen Bereich, also für die kirchliche Gemeinschaft Geltung hatten. Es entstand eben ein neuer sozialer Raum, eine neue politische Gegebenheit innerhalb oder am Rande der Gesellschaft, eine Alternative, die sich missionarisch ausbreiten und allmählich die ganze Welt erfassen sollte. Die politischen Mittel, die uns heute innerhalb demokratischer Gesellschaften zur Verfügung stehen, waren damals nicht in Sichtweite. Ich bin aber überzeugt, daß unsere Väter im Glauben keinen Zweifel gehabt hätten, diese politischen Möglichkeiten und Methoden in ihr missionarisches Konzept mitaufzunehmen.

3.2 Der Christ muss sich als Ansage der Zukunft verstehen

Er muß immer wieder auf das «Mehr» aufmerksam machen, auf das «Ganz Andere», auf das «Noch nicht», auf die absolute Zukunft, die allein in Gott beschlossen ist. Insofern kann es für den Christen keine bloß konservative Politik geben. Er muß immer – bei aller Wahrung des Guten – progressiv sein und über das Erreichte hinaus auf das Noch-Bessere und Noch-Mögliche hinweisen.

4. Konkretisierung einer politisch-prophetischen Spiritualität

Ich muß darauf aufmerksam machen, daß zwischen den Begriffen «politisch» und «prophetisch» eine gewisse, nicht leicht zu überwindende Spannung besteht. *Politik* im modernen Sinn meint ja auch die Fähigkeit, das hier und jetzt Mögliche zu tun. Der Akzent liegt auf dem Hier und Jetzt. Das hier und jetzt Mögliche kann aber in den heutigen pluralistischen Gegebenheiten nur erreicht werden, wenn der Christ bereit ist, Kompromisse zu schließen. Um überhaupt etwas zu erreichen, muß man sich für hier und jetzt – nicht grundsätzlich, aber für hier und jetzt – mit weniger zufrieden geben. Vielleicht muß man sogar die Hand geben für eine schlechte Lösung in einem Bereich, vielleicht sogar schuldig werden, um in einem anderen Bereich etwas Gutes zu erreichen. Ich glaube, daß die Moralisten innerhalb der Kirche schlecht beraten sind, wenn sie die Wählbarkeit von Politikern kleinlich an einzelnen Punkten festmachen wollen. Mit anderen Worten: Der Kompromiß, die Fähigkeit zu verhandeln, um das hier und jetzt Mögliche zu verwirklichen, und die Überzeugung, daß man heute anfangen soll, um überhaupt eine Annäherung an das Reich Gottes zu finden, haben eine grundsätzlich geistliche Dimension. Die prophetische Dimension ist vorhanden. Denn man will ja grundsätzlich mehr, man hat größere Ziele: Als Christ will man im politischen Bereich das Reich Gottes aufleuchten lassen. Aber da man die Kunst des Möglichen beherrscht, ist die prophetische Dimension mehr latent, verborgen.

So sehr ich mich hier vor der Kunst des Möglichen verneige, möchte ich doch auch sagen, daß es auch die *direkte politische Prophetie* braucht, die Kritik des Bestehenden und Erreichten, den Ruf zum Mehr, zur Überbietung, zum Ganz-Anderen. Hier einzuordnen sind die verschiedenen Stellungnahmen der Kirchen der USA zu den Themen «Frieden» und «Wirtschaft». Die Kirche als ganze muß ihre Verkündigung prophetisch verstehen – vermutlich noch viel mehr, als sie es bisher getan hat. Aber auch einzelne Christen müssen zum Mut finden, solche Prophetie zu leben. Als Beispiel möchte ich hier H. Spaemann und Erzbischof Hunthausen anführen, die sich beide in der Frage der atomaren Rüstung auf eine sehr entschiedene und überzeugende Weise zu Wort gemeldet haben. Bei Erzbischof Hunthausen blieb es nicht beim Wort; er hat zum Mittel des «zivilen Ungehorsams» gegriffen (konkret: einen Teil der Steuern zurückbehalten). Dieses Mittel wird auch in Südafrika (Bischof Tutu) wirksam. Vor allem aber sind die Gebrüder Berrigan und die «Pflugscharleute» in den USA für ihren zivilen Ungehorsam und die damit verbundenen Symbolhandlungen bekannt geworden. In Anlehnung an die alttestamentlichen Propheten, die immer wieder solche Symbole gesetzt haben, um ihre Umwelt zu schockieren, um die Menschen zum Willen Gottes zu provozieren, versuchen diese Leute sprechende Symbole zu setzen: Atomsprengköpfe mit dem eigenen Blut zu bespritzen, Stellungsbefehle mit Napalm zu zünden. Man kann im einzelnen diskutieren, ob das Zeichen verstanden wird, ob es richtig gesetzt ist, ob es am Platz ist. Aber man kann nicht bestreiten, daß dies auf der Linie der alttestamentlichen Propheten liegt und mit der «Tempelreinigung» Jesu verwandt ist. Auf der Ebene des Innerweltlich-Gesellschaftlichen ist es ein krimineller Akt, für den man einstehen und vielleicht den Tod am Kreuz annehmen muß. Im Namen der wahren Humanität und des Reiches Gottes aber müssen solche Zeichen immer wieder gesetzt werden

Ich nenne ein aktuelles Beispiel: Wie alle Länder hat auch die Schweiz ihre Probleme mit den Menschen, die um politisches Asyl nachsuchen. Aufgrund der Stimmung im Volk ist die Regierung zu einer strengen und restriktiven Politik gezwungen. Und oft schon sind Fälle bekannt geworden, wie unmenschlich diese Politik ist. Nun sollte im Oktober eine Gruppe chilenischer Asylanten in ihr Land abgeschoben werden, wo sie mit großer Wahrscheinlichkeit einer unmenschlichen Behandlung preisgegeben wären. Die Chilenen traten in einen Hungerstreik – bezeichnenderweise in einer Kirche –, um eine Überprüfung ihrer Ausweisung zu erzwingen. Reformierte und katholische Pfarrer haben sich in einem Brief an sämtliche Pfarrämter der Schweiz für das Kirchenasyl dieser Asylanten ausgesprochen: Kirchen und kirchliche Räume sollen für ausgewiesene Asylanten zur Verfügung stehen, «deren Ausweisung kaum verantwortet werden kann – im Namen Christi». Bereits heute stehen in der Schweiz etwa 200 Asylplätze zur Verfügung. Gleichzeitig sind Anwälte beauftragt, die Legalität der Asylanträge zu prüfen und für die Ausgewiesenen Wiedererwägungsgesuche zu stellen. Die Kirchen sollen sich auch bereit finden, für den Fall, daß dieses Gesuch nicht positiv beantwortet wird, zur Flucht in ein Drittland zu verhelfen. Sechs Pfarreien haben sich schon bereit erklärt, zivilen Ungehorsam zu leisten, um menschlich zu handeln und auch eine menschlichere Politik durchzusetzen (vgl. «Tages-Anzeiger» vom 3. Oktober 1985: «Aktion für abgewiesene Asylbewerber» [AAA]).

Dieses Beispiel soll nur andeuten, in welcher Richtung ich ein prophetisch-politisches Engagement sehen könnte. Ich bin überzeugt, daß wir immer weniger darum herumkommen, uns nicht bloß mit der Kunst des Möglichen zu beschäftigen. Wir müssen auch

Zeichen setzen, daß es uns ernst ist mit dem Reich Gottes. In den Bereichen Sozialpolitik, Friedenspolitik, Dritte Welt, Ökologie genügen die herkömmlichen Mittel der Politik nicht mehr. Sie müssen ergänzt werden durch ein prophetisches Handeln, das die jetzigen gesetzlichen Regelungen übersteigt oder ihnen sogar widerspricht. Noch nie war die Radikalität des evangelischen Lebens dringender und notwendiger als heute. Um der Humanität willen braucht unsere Zeit Menschen wie Teresa von Kalkutta und Dorothy Day, die durch ihr radikal anderes Leben zu lebendigen Symbolen einer wahrhaft christlichen Humanität werden. Nicht zuletzt die Orden sollten sich ihrer geschichtlichen Verpflichtung, eschatologische Zeichen zu sein, bewußt werden. Statt über das Ordenskleid und andere äußerliche Dinge zu diskutieren, sollte man sich fragen, welche Handlungen, Lebensformen, Symbole geeignet sind, die heutige Welt auf mehr Menschlichkeit und auf das Reich Gottes hin zu übersteigen. Die Gründergestalten der großen Orden – ob ein heiliger Benedikt, ein heiliger Franziskus oder ein heiliger Ignatius (vgl. D. Bertrand) – waren erfinderisch in dieser prophetisch-politischen Spiritualität. Um diese Dimension allerdings entdecken zu können, müssen wir wegkommen von einer rein platonischen Interpretation, die allen Realitäten Fleisch und Blut nimmt und nichts übrigläßt als abstrakte Ideen.

Es gibt genügend Beweise für eine politisch-prophetische Spiritualität. Je älter ich werde, je mehr ich darüber nachdenke, je authentischer ich mit mir selbst umgehe, um so mehr merke ich, daß außen und innen, ich und die anderen, Gott und die Welt nicht auseinanderdriften, sondern aufeinanderzulaufen, ja innerlich zusammengehören. So bin ich nicht nur frömmer geworden, sondern auch politischer. Und ich denke, daß diese Entwicklung den objektiven Gegebenheiten unseres christlichen Glaubens entspricht.

Orden und Initiativen zwischen Bekenntnis und Protest

Für eine Spiritualität weltweiter Verantwortung

Vortrag für die «Initiative Eine Welt» in Barnstorf (1986)

Das Thema wurde mir so, wie es formuliert ist, gestellt. Ich halte mich daran, obwohl ich selbst einen anderen Titel wählen würde. Das erlaubt mir nämlich, einige Dinge zu sagen, die mir notwendig scheinen und die mir vielleicht gar nicht richtig aufgefallen wären. So halte ich mich einfach an die tragenden Begriffe im Titel.

1. Orden und Initiativen

Die beiden Begriffe bewegen sich nicht auf der gleichen Ebene. Eine Gleichsetzung ist darum nicht ohne weiteres erlaubt. *Orden* haben eine lange Geschichte, tragen eine in geschichtlicher Tradition gespeicherte Erfahrung mit sich herum, sind meistens eine weltweite Organisation und zahlenmäßig immer noch von Gewicht. Die Orden waren einmal Initiativen, charismatische Bewegungen, die in die Zukunft wiesen. Sie sind aber unterdessen Institutionen geworden. So notwendig die Institutionalisierung ist, oft geht dabei der bewegende Geist und die ursprüngliche Phantasie und Initiative verloren.

In Analogie zum Begriff, der dann gleich anschließend erwähnt wird, könnte man bei den Orden von einer «zugemauerten Religiosität» sprechen. Die Mauer, die die meisten Klöster umgibt, wird zum Symbol einer von der Welt abgeschirmten, auf sich selbst zurückgeworfenen Welt: Der Geist des Ursprungs ist nicht mehr gegenwärtig;

es ist eine Kultur entstanden, die sich unempfindlich gemacht hat für die Anliegen außerhalb des Klosters; die Zeit ist in vielen Klöstern stehen geblieben; man lebt eine rein vertikale, verbürgerlichte, gesellschaftlich harmlose Religiosität.

Natürlich sind die Orden von ihrem geschichtlichen Ursprung her mit den heutigen Initiativen verwandt. Wenn dieser Ursprung wieder lebendig wird, dann besteht eine reelle Chance, daß sich die Orden – gerade auch durch die konkrete Begegnung mit Initiativen – erneuern können.

Die *Initiativen* dagegen sind gekennzeichnet durch eine existentielle Betroffenheit angesichts einer bestimmten Not. Sie sind geprägt durch Zielgerichtetheit, charismatischen Schwung, Phantasie und Kraft. Sie konzentrieren und engagieren sich punktuell für eine ganz bestimmte Sache, sind nicht so zerzettelt und zerstreut auf dieses oder jenes. Sie sind allerdings meist bloß örtlich oder regional gebunden, sind übersichtlich organisiert. Sie erinnern an die Ordensgeschichte und sind darum geeignet, auf diese innovativ zu wirken.

Doch sind sie bestimmt von einer «unbehausten Religiosität» (Zulehner 19). Das heißt: In den Bemühungen der Initiativen ist immer auch ein an sich religiöses Moment zu erkennen, oft in säkularisierter Gestalt, oft aber auch ausdrücklich als religiöse Sehnsucht. Oft sucht man geradezu Anschluß bei religiösen und spirituellen Traditionen. Gerade darin zeigt sich aber auch, daß diese Religiosität kein Zuhause hat. Hier bieten sich die Orden als Heimat geradezu an, sofern sich diese an ihren Ursprung erinnern.

2. Zwischen Bekenntnis und Protest

Diese Formulierung setzt zu spät an. Denn sie setzt voraus, daß das Bekenntnis der Ausgangspunkt ist, von dem aus man – die einen mehr, die anderen weniger – zum Protest kommen müsse. Das trifft aber bei weitem nicht zu. Denn wir müssen – leider – feststellen, daß es ein *Ordensleben ohne Bekenntnis* gibt, und das in einem erschreckenden Ausmaß. Hier möchte ich die Kategorie einführen, welche P. M. Zulehner und J. Fischer geprägt haben: *«Ekklesialer Atheismus»* (Zulehner 164–165). Das Handeln und das Leben vieler Ordenschristen ist zwar durch christliche Symbole geprägt: das Kleid, das Kreuz, den Gottesdienst ... Aber das Bezeichnete: Gott, Jesus Christus, das Evangelium, die eschatologische Hoffnung ... ist nicht dabei.

An sich hätten die Orden innerhalb der Kirche eine *prophetische Funktion.* Durch einen anderen Umgang mit dem Besitz, durch eine andere Ausgestaltung menschlicher Sexualität, durch eine andere Form des Zusammenlebens sollten sie die Kirche an ihren Ursprung erinnern. Sie müßten die Kirche und auch die Welt durch das praktizierte Leben ständig in Frage stellen, müßten einen Störfaktor im Namen Gottes darstellen, ein Stachel im Fleisch der Welt sein. Doch statt daß die Orden die ursprüngliche Lebensform und die ursprünglichen Anliegen Jesu zur Geltung bringen, haben sie sich *kirchenkonform* entwickelt und verfehlen dadurch die eigentliche Sendung. Darum treffen für die Orden ebenso wie für die Kirche die Kennzeichen des «ekklesialen Atheismus» zu. Unter anderem nennt P. Zulehner folgende Aspekte:

> «Unsere Ängstlichkeit, unser Sitzen auf Geld und Bürokratie, der Umgang unserer Kirche mit ihrer Arbeitgebermacht, das Zögern in der ökumenischen Bewegung, die Unwilligkeit, in der Rüstungs- und Friedensfrage markantere Positionen zu beziehen, darin unser Opportunismus, die Versuchung, aus der Angst um die Mitgliederzahlen eine Gefälligkeitskirche zu werden, die Scheu, prophetisch Widerstand zu leisten, die Berührungsangst mit allem, was uns fremd ist, damit die Unfähigkeit, aus den Zeichen der Zeit zu lernen, und damit wiederum verbunden die beklemmende Zurückhaltung von Kirchenverantwortlichen, neue Wege zu riskieren, was die Arbeit und Gestalt der Kirche betrifft. Ekklesialer Atheismus findet sich auch im Umgang der Kirche mit den eigenen Charismen, im Mißtrauen gegenüber diesen, in der Unlust, wahre Partizipation des Volkes zu fördern, auch wenn durch einen solchen Prozeß sich der Stil der Amtsausübung ändern müßte. Ekklesialer Atheismus ist enthalten in der permanenten Versuchung der Kirche, eine möglichst perfekte Expertenkirche zu sein, wobei die vielfältigen pastoralen Experten der Versuchung nicht standhaft genug widerstehen, statt das Volk und dessen Gottesverwurzelung sich selbst zu fördern» (Zulehner 172).

Was für die Orden zutrifft, gilt ein wenig anders von den Initiativen. Oft ist von einem Bekenntnis zur christlichen Geschichte und der darin bezeugten Gotteswirklichkeit wenig zu spüren. Das Bekenntnis bewegt sich innerhalb ganz konkreter Wertvorstellungen (Schöpfung, Frieden, Gerechtigkeit . . .).

Orden und Initiativen müssen also zuerst zum *Bekenntnis* finden, das nicht nur symbolisch bleibt, sondern in Wort und Leben den Bezeichneten, Gott und seinen Sohn, zum Ausdruck bringen. Dann aber wird das Bekenntnis immer *aktuell* sein, d. h. notwendig im *gesellschaftlichen Kontext* erfolgen. Bekenntnis steht immer im Horizont der Gegenwart, will immer das Unterscheidend-Christliche zum Ausdruck bringen. Das Unterscheidend-Christliche, das immer auch das Wahrhaft-Menschliche ist. Bekenntnis ist immer öffentlich, nie privat, ist immer herausfordernd durch das Gegenteil, durch eine Gegenansicht, durch ein Gegenverhalten, durch eine Alternative in ganz konkreten Situationen, in denen man als Christ zeigen muß: «Hier steh ich, ich kann nicht anders» (M. Luther). Das Bekenntnis formuliert das Verbindliche, ohne das das Christentum sich im Innerweltlichen verliert, ohne das die Kirche sich aufgibt. Das Bekenntnis bezieht sich auf die inhaltlichen Aussagen, mit denen die Kirche steht und fällt (articuli stantis et cadentis ecclesiae).

Auf der Linie des Bekenntnisses liegt das *Martyrium,* das Bekenntnis, das nicht nur verbal bleibt, sondern total ist, mit allen Konsequenzen. Wer ein Bekenntnis ablegt, steht dafür ein, indem er Verleumdung, Verkennung, Schmach, Verfolgung, Folter, ja den gewaltsamen Tod auf sich nimmt. Mir scheint, daß wir die martyrologische Dimension des Bekenntnisses mitbedenken sollten. Das gibt unserem Bekenntnis und unserem Protest jene Verbindlichkeit, die für die Sache selbst unersetzlich ist. Diese Dimension ist mir aufgegangen, als ich vor ein paar Jahren in der Kapelle der Märtyrer des 20. Jahrhunderts den modernen Glaubenszeugen gegenüberstand: einem M. L. King, einem A. Delp, einem D. Bonhoeffer, einem M. Kolbe . . . Immer handelt es sich um Menschen, die in einer ganz bestimmten Situation standen, in der sie im Namen Gottes gesellschaftlich belangreiche Werte einforderten und dafür den gewaltsamen Tod erlitten.

Protest ist eigentlich nichts qualitativ Anderes. Er ist das Bekenntnis in besonders auffälliger Form, vielleicht um einiges konkreter, mit einer klaren Intention, etwas zu ändern. Auf jeden Fall muß er sich, sofern er sich auf lebensnotwendige Sachverhalte bezieht, vor dem Horizont des möglichen Martyriums bewegen.

3. Spiritualität

Mit den Kategorien Bekenntnis und Martyrium sind eigentlich schon spirituelle Dimensionen angesprochen. Was aber ist Spiritualität?

Spiritualität kommt von «spiritus», von jenem Geist, der in Gott ist und von ihm ausgeht. Es gehört zu den Grundauffassungen der christlichen Tradition, daß wir Menschen am Geist Gottes teilhaben, daß er ausgegossen ist in unsere Herzen, über unsere Gedanken, über unser Leben. Spiritualität weist also darauf hin, daß wir Menschen ein Leben führen können, das *Gott angemessen* ist, ein *Leben in der Geistesgegenwart* bzw. in der *Gegenwart Gottes*. In einer existentiellen Entsprechung zu Gott und zu seinem Sohn Jesus können wir die Dinge dieser Welt anschauen und gestalten.

Um das besser zu verstehen erinnere ich an einen großen Bekenner und Märtyrer unserer Zeit, an A. Delp, der einmal geschrieben hat:

> «Die Menschen sind innerlich zerfallen, weil sie keinen Mittelpunkt mehr anerkennen, aus dem sie leben ... (Sie) haben den Versuch einer peripheren Lebensgestaltung unternommen. Sie haben versucht, einen Teil an die Stelle des Ganzen zu stellen. Sie haben es versucht im persönlichen Leben, und sie haben es versucht im öffentlichen und gemeinsamen Leben. Das Ergebnis liegt vor: dieses zerfahrene und zerrüttete Leben, das heute spürt, daß es keine Grundlage mehr hat, das laut und vernehmlich davon spricht, daß es um seine Existenz bangt, und das nun verzweifelt um den Tod tanzt und dabei von Leben spricht und nach dem Leben schreit. Wir brauchen die Geschichte nur ein paar Blätter umzudrehen, und wir sehen, warum wir heute unter dem Gesetz des Todes stehen. Etappe um Etappe können wir verfolgen, wie der Mensch sich wegschlich vom Mittelpunkt des Lebens, von den Quellen des Lebens und wie er sich draußen an der Peripherie

ansiedelte. Kirche – Christus – Gott gab man hin. Ein Versuch jagt den anderen. Totale Wissenschaft, totale Wirtschaft, totale Politik; alles umsonst. Der Mensch selbst ging zugrunde dabei; und er wird solange vor dem Abgrund stehen und in sich diese Angst um sich selbst nicht loswerden, bis er wieder heimkehrt, bis er wieder Mittelpunkte anerkennt, die außer ihm und über ihm liegen» (Gesammelte Schriften 1, 74 f.).

Genau um diesen Mittelpunkt außerhalb des Menschen und über dem Menschen geht es bei der Spiritualität. Es geht darum, daß wir in Gott selbst wurzeln, um nicht dem «Gotteskomplex» zu verfallen, d. h. uns selbst zum Gott aufzuschwingen (H. E. Richter). Wo der Mensch sich nicht mehr als «capax Dei» versteht, als Wesen, das für Gott fähig ist, wird er zu allem fähig, sich selbst als Gott etablieren und willkürlich über die Erde herrschen, die Welt und sich selbst zerstören.

Auf diesem Hintergrund werden die verschiedenen *Absolutheitsansprüche und totalitären Systeme* verständlich, die uns heute begegnen und gegen die unser Bekenntnis und unser Protest gefordert ist – im Namen Gottes und der Menschen:

1. Im Namen Gottes und der Menschen haben wir zu protestieren gegen den *Absolutheitsanspruch der Ökonomie und gegen ihr Dogma von der Rentabilität*. Wir können feststellen, daß inzwischen die Ökonomie die ganze Politik, die Innen- und Außenpolitik beherrscht. Das Bruttosozialprodukt, die Bilanzen, die Wachstumsrate – alles abstrakte Größen – werden dem Menschen und seinen wahren Bedürfnissen vorgezogen. Alles muß rentabel sein, am Schluß muß ein Gewinn herausschauen, der in Zahlen und Gütern auszuweisen ist. Ob es langfristig ein Gewinn ist, fragt man nicht. Und daß es über den rein materiellen Gewinn hinaus auch noch einen Gewinn an ideellen Gütern gibt, wird nicht gesehen, z. B. einen Gewinn an Gesundheit, einen Gewinn an Gefühlen, einen Gewinn an Menschlichkeit, an Familiensinn, an Zuwendung und Zärtlichkeit. Gegen diese materialistischen Kosten-Nutzen-Rechnung und gegen das totalitäre System der Ökonomie müssen wir unser Bekenntnis vom Menschen und seiner einzigartigen Würde ablegen und protestieren.

2. Im Namen Gottes und der Menschen haben wir zu protestieren gegen den *Absolutheitsanspruch der Technik, gegen die «Technomanie»* (M. Thürkauf). Wir stellen fest, daß heute immer noch weite Kreise – vor allem im Bereich der Politik und Wirtschaft – von einem Machbarkeitswahn beherrscht sind. Alles, was man herstellen kann, muß auch hergestellt werden. Die Rentabilität gilt als einziger Maßstab (vgl. oben). Sonst gibt es keine Grenzen. Es geht nur um das «know how», nicht aber um das «know what». Dieses «know what» ist einzufordern im Namen Gottes und der Menschen.

3. Im Namen Gottes und der Menschen haben wir zu protestieren gegen den *Absolutheitsanspruch der Naturwissenschaft*. Sie liegt der Technik voraus, bestimmt weitgehend deren Ziele und Bereiche. Wir stellen fest, daß – obwohl sich in den eigenen Reihen immer auch Stimmen dagegen erheben – immer noch Forschungsgebiete definiert werden, die vor dem Gericht der Geschichte letztlich als irrelevant oder sogar als verbrecherisch beurteilt werden müssen: Forschung für militärische Zwecke, Atom- und Weltraumforschung (SDI), Menschenzüchtung, Gen-Manipulation . . ., um nur einiges anzudeuten. Gegen die Selbstherrlichkeit und gegen die Wertfreiheit der Naturwissenschaft, gegen die Meinung, alles und jedes erforschen zu müssen, alles und jedes gleichrangig nebeneinanderzusetzen, müssen wir protestieren.

4. Im Namen Gottes und der Menschen haben wir zu protestieren gegen den *Absolutheitsanspruch der Medizin*. Insoweit diese Wissenschaft eine naturwissenschaftliche Basis hat, gelten für sie die gleichen Bemerkungen wie oben. Hinzu kommt aber, daß es heute immer noch Mediziner gibt, die glauben, die Gesundheit des Menschen könne durch rein medizinische Errungenschaften, durch Computer-Diagnose, durch spezialisierte Ärzte, durch eine ausgefeilte Technik, durch sterile Ausstattung der Krankenhäuser . . . hergestellt werden. Die Gesundheit des Menschen hängt, wie man selbst wissenschaftlich nachweisen kann, noch von ganz anderen Faktoren ab. Die Medizin fördert auch immer noch den Glauben, daß es eines Tages der Fall sein wird, daß die Krankheit aus der Welt geschafft ist. Dabei könnte die Medizin bereits dadurch eine demütigere Selbsteinschätzung bekommen, wenn sie feststellt, daß immer neue Krankheitsbilder entstehen, denen sie ohnmächtig gegenübersteht.

5. Im Namen Gottes und der Menschen haben wir zu protestieren gegen den *Absolutheitsanspruch der Psychotherapie*. Wir stellen fest, daß der Anspruch besteht, aus der individuellen und sozialen Geschichte eines Menschen bzw. einer Gruppe heilen zu können. So wichtig die Aufarbeitung dieser Geschichte sein kann und so heilsam das in vielen Fällen auch ist, alles kann die Psychotherapie nicht erklären, weil die Kraft der Heilung nicht einzig und allein in der Geschichte liegt.

Ich müßte jetzt fortfahren können. Alles und jedes, ja *selbst die Religion und die Konfession, kann sich zu einem totalitären System entwickeln.* Jeder Teilbereich steht in Gefahr, sich absolutzusetzen, mag er noch so gut sein, noch so menschliche Ziele haben. Auch die Arbeit für den Frieden, für eine menschengerechtere Umweltpolitik, für die Dritte Welt, für internationale Gerechtigkeit («Gerechtigkeit muß geschehen, selbst wenn die Welt untergeht» hat man schon im alten Rom als Sprichwort gekannt) – jeder dieser Bereiche kann sich gegenüber den anderen verschließen und wird dann *totalitär,* unmenschlich. Vor Absolutheitsansprüchen werden wir nur bewahrt, wenn wir uns bereitfinden, den Mittelpunkt, um den sich alles dreht, außerhalb von uns selbst zu suchen. Wir müssen in Gott wurzeln, an ihn zurückgebunden sein. Und das nicht einfach über eine theoretische Erkenntnis, über das Denken oder in wissenschaftlicher Weise, sondern eben in einer gesunden *Spiritualität, in der existentiell realisiert ist, was die Theologie von Gott sagt.*

4. Weltweite Verantwortung

Genau an diesem Punkt ist aber daran zu erinnern, daß wir nicht undifferenziert von Spiritualität sprechen, sondern eben von der *christlichen* Spiritualität. Das bedeutet, daß der Mittelpunkt, von dem A. Delp spricht, zwar außerhalb des Menschen und über ihm steht, aber doch *geschichtlich aufscheint.* Ich möchte hier an den Dreischritt erinnern, um den das Denken von L. Boff kreist: *Immanenz – Transzendenz – Transparenz.* Mich überzeugt, was er sagt:

> «Wenn man nur in dem Kategorienpaar Immanenz – Transzendenz denkt, wird man nie über die griechische Philosophie hinauskom-

men. Ich denke: Das, was das Christentum mit der Menschwerdung Gottes meint, läßt sich alleine mit den Dimensionen Immanenz und Transzendenz nicht sachgerecht erfassen. Denn das Neue am Christentum besteht ja gerade in der Ansage, daß die Transzendenz in der Immanenz zu finden ist, daß die beiden Pole zu einem Größeren gehören, daß sie zwei Erscheinungsformen einer anderen, wesentlicheren, tieferen Realität sind, die uns in Jesus Christus eröffnet und gegeben worden ist. Gerade diese Koexistenz, diese Kopräsenz – das heißt das Miteinander, Ineinander, Durcheinander dieser beiden Wirklichkeiten: Gott und Menschen, Gnade und Welt, Heil und Geschichte – konstituiert die Transparenz. Deshalb gilt es, sich diese Transparenz ständig zu vergegenwärtigen, weil sie im Grunde Zeichen der Gegenwart Gottes in der Geschichte ist. Die ganze Theologie der Zeichen der Zeit gründet auf dem Gedanken und auf der Erfahrung der Transparenz. Die Dinge sind nicht bloß die Dinge. In ihrer Dinghaftigkeit sind sie vielmehr Botschafter einer anderen, umfassenderen, größeren, jenseitigen Wirklichkeit» (P. Eicher 84 f.).

Dieses Zitat enthält natürlich viel mehr als das, worauf es mir jetzt ankommt: *Der Mittelpunkt, der alles zusammenhält, ist ein Moment der Geschichte geworden. Er leuchtet primär in Jesus Christus auf.* Darum gilt es, sein Herz an ihn zu hängen, ihm nachzufolgen, seine Intentionen aufzugreifen, in der Gemeinschaft mit ihm das Reich Gottes zum Vor-Schein zu bringen, wie er den Armen die frohe Botschaft zu bringen, Lahmen auf den Sprung zu helfen, Tote aufzuwecken, das Unmögliche möglich zu machen, alle Menschen zu umarmen und an den einen Tisch zu laden, die ganze Welt teilhaben zu lassen an der Freiheit der Kinder Gottes. Das ist christliche Spiritualität. Und je konkreter das alles wird in einer Gemeinschaft, in einem einzelnen Menschen, ist diese Transparenz vorhanden, von der L. Boff spricht: jene andere Welt, die von Gott herkommt, aber nicht mehr weltjenseitig aufgefaßt werden darf, seit er Mensch geworden ist.

Damit wird aber deutlich, daß Gott und Welt nicht mehr divergieren, sondern zusammengehören. Gott ist ein weltlicher, den Kosmos umfassender Gott, und die Welt eine von Gott gesuchte, geliebte, veränderte Welt. *Das Ziel Gottes ist es, «alles in allem und alles in jedem einzelnen zu sein». Darum reichen die Äste des Baumes, der in Gott verwurzelt ist, bis in die äußersten Ecken der Welt hinein. Wer dem Ruf Gottes folgt, wer ihm antwortet, wird auch eine weltweite Verantwortung haben. Ich meine, daß diese Zusammengehörigkeit von Verwurzelung in Gott und Weltverantwortung das eigentlich christliche Echtheitskriterium der Spiritualität ist.* Gerade das Bild des Baumes ist geeignet, diesen Sachverhalt deutlich zu machen. Wir wissen, daß der Umfang der Baumkrone genau dem Umfang der Wurzel entspricht: Wer in Gott wurzelt, wird sich in die ganze Welt erstrecken.

Ich habe dafür einen Text gefunden, der auf einmalige Weise zum Ausdruck bringt, was ich hier meine. Obwohl er etwas schwer zu verstehen ist, möchte ich ihn ungekürzt vorstellen:

> «Sohnsein in Christus heißt sich von der Botschaft treffen lassen, die Jesus gelebt, verkündigt und bis ans Kreuz verkörpert hat. Jesus, das war der, der – wie der Philipperbrief es sagt (Philipper 2,5–11) – sein sterbliches Menschsein nicht verdrängte und kompensierte, sondern dazu stand und gehorsam wurde bis zum Tode am Kreuz. Aus der Sicht des Neuen Testamentes ist damit ein Versöhnungsgeschehen zwischen Gott und Mensch eingeleitet, das einerseits kosmische Dimensionen und andererseits individuelle personale Bezüge umfaßt und alles, was an sozialen, gesellschaftlichen und kreatürlichen Realitäten dazwischen liegt, mit einschließt. In Christus mit Gott versöhnt sein heißt loskommen von dem Fluch des ‹Seinwollens wie Gott›, heißt Befreiung aus allen damit verbundenen Zwängen und Tendenzen zu Chaos und Feindschaft, heißt Mensch und Geschöpf sein können, endlich, sterblich und dennoch voll Hoffnung.
>
> Das Neue Testament kennzeichnet die Wirklichkeit dieses Versöhnungsgeschehens so, daß es einerseits auf die kosmische Herkunft des Erlösers hinweist. Jesus war schon von Anbeginn der Schöpfung bei Gott, mehr noch, er war am Werk der Schöpfung von Anfang an beteiligt (vgl. Römer 8,32; 1Korinther 8,6; Kolosser 1,15–20; Epheser 1,4 ff.). Auf der anderen Seite werden die, die an der Erlösung Anteil haben, in einen Versöhnungsauftrag gerufen, der wiederum in die globale Perspektive einmündet. In den

Seligpreisungen der Bergpredigt wird den Friedensstiftern der Ehrentitel der Söhne Gottes verheißen, und den Machtlosen wird der Besitz der Erde zugesprochen.
Die Rede von dem präexistenten (vorweltlichen) Christus und die Heilsrufe für die Machtlosen und Friedfertigen sind religiöse Sprache, indirekte Rede von einer Wirklichkeit, die protologische (vorzeitliche) und eschatologische (endzeitliche) Dimensionen hat. Wer sich von diesem Jesus als dem Christus betreffen läßt, wer sich durch sein Kreuz im letzten herausfordern läßt, der begegnet hier der Wirklichkeit, die der Welt Anfang verlieh und ihr ein Ende geben wird. Diese Begegnung mit der Wirklichkeit Gottes bleibt nicht ohne Folgen. Aus der tödlichen Fixierung auf sich selbst befreit, wird der Mensch in eine Offenheit hineingestellt, durch die alle Zeit- und Geschichtsbegriffe, die sich Menschen (zyklisch wie linear) zurechtmachen, aufgelöst werden. Aber das ist keine totale Auflösung. Hier entsteht für die Betroffenen eine erhebliche Spannung, denn das, was dem Menschen in Christus widerfährt, setzt in Kontrast zu allen durch menschliche Willkür gestalteten Verhältnissen. Sohnsein in Christus heißt das Kreuz dieses Zwiespaltes tragen unter den Bedingungen einer von Menschen gemachten Geschichte und einer durch sie mehr und mehr belasteten irdischen Lebenswelt. Die Friedfertigen laufen Gefahr, den Hassern zu unterliegen. Die Machtlosen werden von den Mächtigen zerrieben. Lediglich ihr Leiden und ihr von der Norm abweichendes Geöffnetsein für die Not anderer bezeichnet die neue Wirklichkeit, aus der sie leben. An den Söhnen Christi muß von Generation zu Generation offenbar werden, wie es mit der Welt steht. An der geradezu unerträglichen Spannung zwischen Verheißung und Wirklichkeit, wie sie in den Seligpreisungen der Bergpredigt zum Ausdruck kommt, wird aber auch indirekt die Wirklichkeit Gottes ablesbar, aus der die Schöpfung von Anfang an lebt. In einer Situation wie der heutigen, in der das Überleben des gesamten Menschengeschlechtes fraglich wird, gleichzeitig aber auch die globale Gefahr der Fortschrittskrise im Bewußtsein des Einzelnen Bereitschaft zur Umkehr weckt, gewinnt das Sohnsein in Christus eine neue Dimension, von der wiederum nur indirekt, heute aber auf unreligiöse Weise gesprochen werden kann und muß. Dabei

geht es um die alte Wahrheit der Bergpredigt, sich von den Schätzen der Erde loszusagen, um die Verheißung des Lebens zu gewinnen. Immer noch geht es um die Orientierung menschlichen Handelns im Spannungsfeld zwischen Anfang und Ende. Dabei sollten die Christen davor gefeit sein, die Krise des Fortschritts apokalyptisch als das letzte Ende zu stilisieren» (G. Altner 234 f.).

Ich denke, daß man diesen geradezu mystischen Text mehrmals lesen muß, um wirklich alles mitzubekommen. Mir kommt es jetzt vor allem auf dieses Ineinander an, das besteht zwischen der radikalen Zuwendung zu Gott und einer ebenso radikalen Verantwortung für das Ganze. Das eine bedingt das andere. Wer «in Jesus Christus lebt», wird das im Horizont der Welt tun müssen und bis an die «Grenzen der Erde» (Apg 1,8) laufen, um das einzuholen, was im Christusereignis schon alles da ist.

Das *Verhältnis von der Verwurzelung in Gott und der Verantwortung für die ganze Welt* muß nun noch genauer bestimmt werden. Dabei kommt es darauf an, welches Denkmodell wir den Überlegungen zugrundelegen:

1. *Ursache – Wirkung* (Aristoteles). Entscheidend wäre demnach der Glaube, die möglichst konkret vollzogene und erlebte Verwurzelung in Gott. Alles andere würde sich als Folge ergeben. Wenn es sich nicht ergibt, dann ist das zwar ein Mangel, aber ein Mangel in der Folgerichtigkeit, nicht ein Mangel an der Sache selbst. Die Ursache, der Glaube, eben die existentielle Verwurzelung in Gott besteht immer noch, und zwar voll und ganz. Nach dem heiligen Jakobus kann das aber nicht sein: «Was nützt es, wenn einer sagt, er habe Glauben, aber es fehlen die Werke? Kann etwa der Glaube ihn retten? Der Glaube für sich allein ist tot, wenn er nicht Werke vorzuweisen hat. Zeig mir deinen Glauben ohne die Werke und ich zeige dir meinen Glauben aufgrund der Werke» (2,14 ff.). Hinter diesem Satz steht ein anderes Modell, nämlich

2. *Bild – Spiegelbild* (Platon). Der existentiell vollzogene Glaube spiegelt sich notwendigerweise im konkreten Verhalten. Wo nicht eine entsprechende Praxis da ist, ist der Glaube nicht existent.

Zusammenfassung

Ich bin überzeugt, daß eine Spiritualität in dem Sinne, wie ich sie jetzt beschrieben habe, für die weltweite Verantwortung, vor der wir heute stehen, notwendig ist.

Ich bin zweitens überzeugt, daß die Orden von ihrer ursprünglichen Berufung als eschatologische Zeichen und von ihrer prophetischen Funktion her geeignete Subjekte dieser Spiritualität sind. Wobei ich nochmals betonen möchte, daß die Definition der Orden als eschatologisches Zeichen und ihre prophetische Funktion leider weitgehend bloß verbal behauptet wird und abstrakt bleibt. Sie sollten jedoch diese Subjekte sein, in denen der große endgültige Zusammenhang greifbar wird.

Ich bin drittens überzeugt, daß die Initiativen die geeigneten Partner der Orden sind. Denn sie bringen von Anfang an etwas mit, was die Orden wieder zurückgewinnen müssen: den Aufbruch, die Verantwortung für das Konkrete. Nur müßten sie den Mittelpunkt finden, von dem aus sie bewahrt werden, einen Teilbereich zu verabsolutieren.

Ich möchte meinen Beitrag schließen mit einem Wort von A. Delp, das für Orden und Initiativen zutreffen könnte und von dem aus sie sich verstehen sollten: «Es muß eine Schicht Menschen geben, die das Ganze übersehen, um die Zusammenhänge wissen, die Verflechtungen kennen und die Wirklichkeitsfülle in all ihren Erscheinungen bis in den Grund verfolgt haben, in dem alles mit Gott zusammenhängt und von ihm getragen wird» (Gesammelte Schriften 4,314).

Zur missionarischen Spiritualität der kommenden Jahre

Vortrag für die Schweizerische Missionskonferenz im Ranft (21.11.87)

Mit Freude spreche ich zu Ihnen zur missionarischen Spiritualität der kommenden Jahre. Nun möchte ich, was ich zu sagen habe, um die tragenden Begriffe in meinem Thema ordnen.

1. Missionarische Spiritualität

Ich möchte zunächst betonen, daß «missionarische Spiritualität» an sich eine *Tautologie* ist, also eine überflüssige Zusammensetzung von gleichbedeutenden Worten: da werden nämlich zwei Begriffe zusammengebracht, die, jeder für sich allein genommen, an sich schon den anderen enthalten. Spiritualität kann gar nicht anders als missionarisch sein, sonst verdient sie nicht, so bezeichnet zu werden. Und Mission kann gar nicht anders verstanden werden denn als Ausdruck von Spiritualität. Spiritualität, also das Leben aus dem Heiligen Geist Gottes, und Mission, also die dynamische Energie, die sich an die ganze Welt gesandt weiß, entsprechen sich. Am missionarischen Elan ist abzulesen, ob einer wirklich eine Spiritualität hat. Und Spiritualität zeigt sich weniger im frommen Augenaufschlag als in der drängenden Liebe, die alles umfängt. Die missionarische Kraft eines Menschen oder einer Gemeinde ist das Thermometer der Spiritualität.

Lassen Sie mich das in einem dreifachen Ansatz zeigen.

1.1 Wir haben vorhin den Text *Joh 19,28–34* gehört. Innerhalb der Theologie des Evangelisten Johannes ist der Tod Jesu der Ursprung für jede Mission und Spiritualität. Hier nämlich wird das, was vorher in der Person Jesu zeitlich und räumlich begrenzt war, freigesetzt für die ganze Welt. Jesus gab seinen Geist hin – wohin? Auf Johannes und Maria, in die Kirche und in die Welt hinein! Das Herz Jesu steht offen – und es fließen Blut und Wasser heraus: die Liebeshingabe Jesu und die Lebendigkeit Jesu wollen aus dieser Mitte heraus in die letzten Winkel dieser Erde hineinströmen.

Erst im Augenblick des Todes Jesu bricht also die Möglichkeit echter Spiritualität auf. Der Heilige Geist Gottes, der in Jesus war, greift jetzt nach dem Menschen und der ganzen Welt. Und wer von diesem Geist ergriffen ist, weiß sich gesandt. Er wird nicht Ruhe finden, bis die ganze Welt vom Geiste Gottes ergriffen ist. Solange es noch eine geist-lose Ecke gibt in unserer Welt, solange gibt es dieses Ineinander von Ergriffenheit und Sendung. Solange es einen einzigen Menschen gibt oder einen einzelnen Bereich, der außerhalb der Christuswirklichkeit steht, ist Spiritualität noch nicht zur vollen Gestalt gelangt, solange ist Spiritualität und Mission identisch.

Allerdings: dieses Ineinander geht mir erst auf, wenn ich mit allen Sinnen diesem Jesus von Nazaret zugewandt bin. Das ist ein konkreter Mensch, eine konkrete Geschichte, das sind konkrete Worte und Taten, das ist ein Engagement, das seinen Preis hat: den gewaltsamen Tod – all das wird jetzt frei, möglich für alle, und zwar nicht zuerst im Sinne einer Forderung, sondern im Sinne einer inneren Ermächtigung, als göttliche Kraft und Energie in vielen, in einem Paulus, in einem Franziskus, in uns allen. Jesus ist dann nicht einfach mehr ein einzelner, er lebt in vielen und will das Leben aller werden.

1.2 Wir werden anschließend *Eucharistie* feiern. Wie unser Leib nur bestehen kann, wenn wir immer wieder von außen her Nahrung zuführen, so können wir als Christen, als geistliche Menschen, nur leben, wenn wir genährt und gestärkt werden durch den Leib und das Blut Christi. Aber hören wir doch genauer hin, mit welchen Worten angesagt wird, was wir tun! Und sehen wir doch genauer zu, was wir da essen und trinken! Wir nehmen den *für alle hingegebenen Leib* und das *für alle vergossene Blut* in uns auf. Ich esse nicht nur das

Brot für mich, sondern das Brot für alle, und ich trinke nicht nur den Wein für mich, sondern den Wein für alle.

Der Schluß drängt sich auf: Solange es noch irgendjemanden gibt, der nicht dieser Eß- und Trinkgesellschaft angehört, solange es einen Mann oder eine Frau, einen Säugling oder Greis gibt, der nicht weiß und erlebt, was Leben und Liebe wirklich bedeuten, solange ist eucharistische Spiritualität noch nicht ans Ziel gelangt. Es darf niemanden geben, der ausgeschlossen bleibt, nichts, das nicht einbezogen werden müßte in die Lebensgemeinschaft Jesu. Diese Zielrichtung der Eucharistie auf alles und jedes, also die Mission, ist demnach nicht etwas Nachträgliches und Sekundäres, sondern ein inneres Moment der Eucharistie selbst. Auch hier zeigt sich das Ineinander von Ergriffensein und Mission oder, wie man jetzt besser sagt, von Kommunion und Sendung.

1.3 Wir befinden uns im Ranft, am Ort, an dem der *heilige Bruder Klaus* seine innige Gemeinschaft mit Gott erlebte. Sein Meditationsbild zeigt auf einmalige Weise, wie sehr mystisches Erleben Gottes und missionarische Dynamik zusammengehören. Schauen wir dieses Bild ein wenig näher an[1]:

Da ist ein *Gesicht,* das Gesicht des erhöhten Herrn. Mit anderen Worten: Unsere Spiritualität lebt von einem uns zugewandten Antlitz, von einer ganz spezifischen Gotteserfahrung: Gott ist Zuwendung, Liebe, Barmherzigkeit, Zärtlichkeit, Nähe, personales Gegenüber, dem wir uns ganz und gar anvertrauen können. Ja, er ist Gnade, Lebensraum auch für die Schuldigen, Chance und Möglichkeit, sich selbst zu werden und darin ein Sohn oder eine Tochter Gottes selbst. Diese Gotteserfahrung ist in dem Moment verkannt, wo sie sich in die bloße Innerlichkeit zurückzieht und wo sie auf Meditation, Gottesdienst und Sakristei reduziert wird. Solange es noch einen einzigen Menschen gibt, der sich nicht von einer unendlichen Liebe getragen und von einem zärtlichen Blick angesehen weiß, solange es noch eine gnadenlose Welt, einen gnadenlosen Umgang der einen mit den anderen, eine gnadenlose Justiz, Wirtschaft usw. gibt, solange ist Spiritualität noch nicht zum Ziel gelangt. Daß dem so ist, zeigt die

[1] Siehe Abbildung auf S. 175

innere Zuordnung von christlichen Meditationsgeheimnissen und den sog. Werken der Barmherzigkeit.

Unsere Spiritualität lebt wesentlich von der Botschaft des Engels an Maria, von der *Glaubenstatsache, daß Gott selbst in unsere menschliche Armseligkeit eingegangen ist.* Das müssen wir meditieren und tun. Solange es noch «infirmitas», also menschliche Schwäche, Krankheit und Todesverfallenheit auf dieser Erde gibt, ist die Verkündigung Gabriels noch nicht ans Ziel gelangt, und solange müssen wir in unserem Tun einlösen, was der Engel Gabriel verheißt. Wer nur immer Marienfeste feiert, sich aber nicht gerade darum auch zu den schwächsten Gliedern unserer menschlichen Gesellschaft gesandt weiß, hat nicht begriffen, was Spiritualität eigentlich ist. Ich hindere Sie nicht, hier auch an die Aids-Kranken zu denken.

Unsere Spiritualität lebt wesentlich von der Geburt Jesu, von der *Glaubenstatsache, daß Gott eine ganz und gar skandalöse Geburt in Bethlehem hatte.* Er ist außerhalb der Stadt geboren, in einem Stall, wo es nach Ochs und Esel riecht. Das müssen wir meditieren und tun. Solange es noch Heimatlosigkeit, Obdachlosigkeit, Flüchtlinge, Vertriebene, Fremde, Penner usw. auf dieser Erde gibt, ist das Weihnachtsgeschehen noch nicht ans Ziel gelangt. Wer «Stille Nacht» singt und sich nicht gleichzeitig öffnet für die Not derer, die aus gesellschaftlichen Gründen am Rand geboren werden, leben und sterben müssen, hat nicht begriffen, was Spiritualität eigentlich ist. Ich hindere Sie nicht, aktuelle Bezüge herzustellen zu «Zaffaraya» und Asylpolitik.

Ich muß hier in Klammer bemerken, daß ich im dritten Medaillon weder die Schöpfung noch das Gericht abgebildet sehe, sondern die Versuchung Jesu. Unter dieser Voraussetzung möchte ich sagen: Unsere Spiritualität lebt wesentlich von der überwundenen Versuchung Jesu, *von der Glaubenstatsache, daß Gott selbst im Hunger und in den damit verbundenen Versuchungen der Menschen gegenwärtig bleibt:* in der Versuchung, die ökonomischen Probleme, die Frage nach Brot, mit unmenschlichen Mitteln und Einstellungen zu lösen, in der Versuchung, alles und jedes auf materielle Bedürfnisse, auf das «Brot allein» zu reduzieren und die geistige Dimension, das «Wort», verstummen zu lassen, in der Versuchung, Gott für eigene Zwecke, für Demonstration und Profilierung, für Glanz und Gloria zu mißbrauchen, in der Versuchung, die ganze Welt zu beherrschen und alles zu kontrollieren und zu manipulieren, in allen Versuchungen, in denen sich Leben und Tod des Menschen entscheiden, bleibt Gott als überwindende Kraft. Das muß man meditieren und tun. Solange die ökonomischen Probleme mit falschen Einstellungen gelöst werden wollen, solange es überhaupt noch Menschen gibt, die nichts oder nicht genügend zu essen haben, solange ist die durch Jesus überwundene Versuchung noch nicht ans Ziel gelangt. Wer nur die Versuchungsgeschichte liest, nicht aber auch dazu beiträgt, daß der Hunger der Menschen gestillt und die sog. «Neue Armut» überwunden wird, hat nicht begriffen, was Spiritualität eigentlich ist. Ich hindere Sie nicht, hier an Stichworte wie «Verschuldung der Dritten Welt» und «Sozial- und Wirtschaftspolitik» zu denken.

Unsere Spiritualität lebt wesentlich von der Verfolgungs- und Leidensgeschichte Jesu, *von der Glaubenstatsache, daß sich Gott selbst mit den Verfolgten, Verleumdeten, Gefangenen, Gefolterten und Verurteilten identifizierte.* Das muß man meditieren und tun. Solange es Gefangene, Gefolterte, Verurteilte, Verfolgte und Verleumdete gibt, unabhängig davon, ob eigene Schuld vorliegt oder nicht, solange ist die solidarische Geschichte mit den Menschen noch nicht an ihr Ziel gelangt. Wer nur den Kreuzweg betet, nicht aber auch gegen Gefangenschaft und Folter kämpft, hat nicht begriffen, was Spiritualität eigentlich ist. Ich hindere Sie nicht, an die Menschenrechte zu denken, an Chile, die Türkei oder Zaire und an Kardinal Arns und an Musey und Massa.

Unsere Spiritualität lebt wesentlich vom Tod Jesu her, von der *Glaubenstatsache, daß Gott auf der Seite der Opfer ist und mitten im Sterben Leben schafft.* Das muß man meditieren und tun. Solange es Sterbende gibt, Menschen, die das Leben lassen müssen, und solange es Opfer gibt für nationale und wirtschaftliche Interessen, Opfer von Technik und Politik, denen man auch das letzte nimmt: den Ruf, die Würde, das Ansehen, den Namen, das «Kleid», solange ist der Stachel des Todes noch nicht richtig gebrochen und die Verheißung der Auferstehung noch nicht wirklich erfüllt. Wer im Aufblick zum Kreuz nur zu Tränen gerührt wird, nicht aber auch sich engagiert für die unverlierbare Würde des Menschen, der hat nicht begriffen, was Spiritualität eigentlich ist. Ich hindere Sie nicht an Sterbebegleitung zu denken, an einen menschlichen Tod in der hochtechnisierten Medizin, an den eigenen Tod und an den Tod auf den Straßen.

Unsere Spiritualität lebt wesentlich von der Auferstehung her, von der *Glaubenstatsache, daß es keinen Toten gibt seit Anfang der Schöpfung, um den sich Gott nicht kümmert.* Das muß man meditieren und tun. Solange es Tote gibt, die vergessen werden, Leichen, die man verscharrt oder an denen man ohne Ehrfurcht herumschnippelt, solange ist unsere Hoffnung noch nicht ans Ziel gekommen. Wer nur Alleluja singt, nicht aber auch die unübersehbare Menge von Toten miteinbezieht, wer nur den Osterjubel verkündet, nicht aber auch für ein Begräbnis in Trauer, Fürbitte und treuem Gedenken bereit ist, auch für den Verbrecher und Säufer, der hat noch nicht begriffen, was eigentlich Spiritualität ist. Ich hindere Sie nicht an den Umgang mit den Embryonen zu denken, an die Gräber der Feinde und an die Bergung der Toten in den vielen Katastrophen der Welt.

Ich denke, daß diese drei Ansätze eindrücklich zeigen, daß Spiritualität immer identisch ist mit Mission und daß das, was Mission ist, vom Kreuz, von der Eucharistie oder von den meditierten Christusgeheimnissen her überhaupt erst eigentlich definierbar wird.

2. Die kommenden Jahre

Wenn ich nun auch noch etwas zum zweiten Element des Titels sagen soll, dann drängen sich mir folgende Erkenntnisse auf.

2.1 Ich bin zunächst überzeugt, daß «die kommenden Jahre» eine *Wende* in den grundlegenden Einstellungen bezeichnen. Die Spiritualität der vergangenen zwei Jahrhunderte war geprägt durch folgende Kennzeichen:

– Sie war mehr oder weniger *restaurativ.* Sie suchte ihre Modelle in der Vergangenheit, war wesentlich rückwärts gewandt, ohne daß Gegenwart und Zukunft gleichermaßen oder sogar entscheidend mehr Gewicht gehabt hätten.

– Die Spiritualität der vergangenen Jahrhunderte war mehr oder weniger *individualistisch.* Sie bewegte sich auf der Grundlage von Sätzen wie: «Wie kriege ich einen gnädigen Gott?» oder «Rette deine Seele». Das Soziale lief, wenn man darin eine Aufgabe erkannte, so nebenher oder war, wo es – wie etwa in den neugegründeten Kongregationen – in den Mittelpunkt des Handelns rückte, nicht in die Spiritualität integriert.

– Die Spiritualität der vergangenen Jahrhunderte war mehr oder weniger *privat*. Sie beschränkte sich auf die intimen Räume: Seele, Familie, Sakristei, Kirche. Die Religion wurde immer mehr in den Bereich der privaten Bedürfnisse abgedrängt, sollte das Bedürfnis nach Gebet stillen, nach Trost auf eine jenseitige Erfüllung von Sehnsucht, nach Begleitung bei Geburt, Liebe und Tod usw. In der Öffentlichkeit war eine «Religion der Ordnung» gesucht, wie sich Napoleon Bonaparte ausdrückte, eine Religion, welche die geltenden Verhältnisse stützt und eventuelle Ungerechtigkeiten erdulden lehrt, mit dem Hinweis, daß ja dann einmal der Himmel kommt, wo alles gut sein wird. Dagegen war nicht gefragt eine «Religion der Menschwerdung», wie Napoleon sie nannte, also eine Religion, die sich einmischte zugunsten der Menschen. Bejaht wurde die Religion als Opium für das Volk, verneint aber die Religion als Motor des Volkes.

– Die Spiritualität der vergangenen Jahrhunderte war mehr oder weniger *idealistisch*. Sie lebte vom Dualismus Geist – Leib und war ein Aspekt des Geistes. Leib, Sexualität, Ehe, Welt, Materie usw. – das alles wurde von der Spiritualität ausgeklammert.

Seit einigen Jahrzehnten sind jedoch viele Bewegungen, Ansichten und Meinungen entstanden, die im 2. Vatikanischen Konzil und danach zum Durchbruch gekommen sind und zu einer neuen Sicht geführt haben. Nicht daß nun schon die ganze Kirche von ihr erfüllt wäre, o nein, es gibt leider mehr und mehr Christen, welche die alten Zustände wieder herbeiführen wollen! Trotzdem kann heute gesagt werden, daß die Spiritualität der kommenden Jahre ganz anders geprägt sein wird.

– Sie wird *progressiv* sein. Sie wird gerade in der Begegnung mit der Bibel entdecken, daß der Glaube sich wesentlich auf Jesus Christus bezieht, der nach vorne drängt, ins Reich Gottes, das er ansagte und zu realisieren anfing. Sie wird von der Hoffnung getragen sein, daß das Reich Gottes eine Zukunft hat, auf die man entschieden zugehen muß. Und die Liebe wird kreativ, erfinderisch sein, damit diese Zukunft hier und jetzt Gestalt annimmt.

– Die Spiritualität der kommenden Jahre wird *sozial* sein. Sie wird gerade in der Begegnung mit der Bibel – oder auch mit der Eucharistie oder den Christusgeheimnissen, ich habe es oben gezeigt – entdecken, daß sie nur zu sich selbst kommt, indem alle Menschen zu Brüdern und Schwestern werden, für die ich Verantwortung trage, für das leibliche Wohl und für das endgültige Heil.

– Die Spiritualität der kommenden Jahre wird *öffentlich* sein. Sie wird gerade in der Begegnung mit der Bibel erkennen, daß sich eine Religion der Menschwerdung einmischen muß – als Befreiungstheologie, als erzbischöfliche Menschenrechtskommission, als «Justitia et Pax», als Vermittlung in gesellschaftlichen Konflikten (Bischof Rusche in Hamburg, Kardinal Obando in Nicaragua, der Erzbischof von El Salvador), als entschiedenes Einstehen für die Benachteiligten (Armen, Indianer, Kinder . . .). Sie wird wieder eine alle Bereiche umfassende gesellschaftliche Bedeutung bekommen müssen.

– Die Spiritualität der kommenden Jahre wird *ganzheitlich* sein. Sie wird gerade in der Begegnung mit der Bibel erkennen, daß das «Ende der Wege Gottes der Leib» (Öttinger) ist: der Leib als Körper, der Leib, der entsteht in der ehelichen Verbindung, der Leib, der als Biographie heranwächst, der Leib einer Gruppe, einer Gemeinde, der Kirche, des Staates, des Kosmos, also auch die materiellen und ökonomischen Bedingungen. Dieser Leib ist es, der vom Geist Jesu durchwirkt werden will.

In diesen Stichworten: progressiv – sozial – öffentlich – ganzheitlich liegt nun auch die missionarische Dynamik von Spiritualität verborgen, wie man unschwer herausgehört haben dürfte.

2.2 Ich bin zweitens überzeugt, daß die Spiritualität der kommenden Jahre einen *Subjektwandel* bedeutet. Ich meine damit, daß die Spiritualität des Christen, des einzelnen Missionars, eingebettet ist in die Spiritualität einer Pfarrei, Basisgemeinde, Gruppe . . . Das Subjekt ist also nicht mehr so sehr der einzelne Christ, sondern die Kirche in ihren vielfältigen Organisationsformen.

Wir werden an den urkirchlichen Gemeinden Maß nehmen müssen. Dort nämlich wird deutlich, daß die gemeinsame Verwurzelung im Geheimnis Gottes gleichzeitig auch jene Faszination bedeutete, welche der Gemeinde neue Glieder hinzufügte, noch bevor man überhaupt missionarische Aktivitäten entfaltete. Unsere Gemeinden und Gemeinschaften müßten mehr Gemeinde und mehr Gemeinschaft werden. Sie müßten loskommen von der Priester- und Obernzentriertheit und jene großartige Alternative auszugestalten suchen, welche die Urgemeinde war. Von der Mitte der Eucharistie aus, von der erfahrenen Liebeshingabe her muß eine Art *Kontrastgesellschaft* (N. und G. Lohfink) entstehen.

Es geht darum, daß die spezifische Gotteserfahrung, die wir als Christen in der Welt bezeugen, ein innerweltliches Antlitz bekommt, eine soziale Greifbarkeit, welche zur missionarisch wirksamen Feststellung führt: «Seht, wie sie einander lieben» oder: «Seht, wie sie teilen, was sie haben» oder: «Seht, wie Mann und Frau miteinander umgehen» oder: «Seht, wie ihre Gemeinschaft angst- und herrschaftsfrei ist» oder: «Seht, wie man da den Armen und Fremden Lebensraum gibt» . . .

Um es noch deutlicher zu sagen:

Es geht darum, daß wir aus unseren Pfarreien und Gemeinschaften einen *Raum der Gnade* machen in dieser Welt: Wir gehen hier anders um mit der Schuld, mit Andersdenkenden, mit der Freiheit des einzelnen, als es die Gesellschaft tut. Da soll man nicht zuerst Moral predigen, sondern Visionen haben, nicht so sehr Forderungen erfüllen müssen, sondern Chancen ergreifen dürfen, nicht so sehr auf «Recht und Ordnung» pochen, sondern auf Gnade und Vergebung setzen.

Es geht darum, daß wir in unseren Pfarreien und Gemeinschaften anders miteinander umgehen, als es in der Gesellschaft sonst üblich ist. Die *Logik der Liebe* soll die Logik der Macht verdrängen. Das muß auch sichtbar werden in der Art, wie der Papst, der Bischof, die Priester miteinander und mit den Laien umgehen. Und ich möchte hinzufügen, daß ich leider kaum Ansätze für eine Logik der Liebe erkenne. In unseren Gemeinden und innerhalb der Kirche kann man viel zu wenig richtig atmen, allzusehr wird das Leben kanalisiert, eingeengt, unterdrückt. Wir hätten lebendigere Gemeinden, wenn unsere Gemeindeleiter den Gemeinden Raum gäben. Das hierarchische Denken muß von der Bibel her (vgl. Mt 20,20–28) der *Geschwisterlichkeit* Platz machen.

Es geht darum, daß wir in unseren Pfarreien und Gemeinschaften anders mit den Gütern umgehen, als das in der Gesellschaft üblich ist. Das Privateigentum hat man innerhalb der katholischen Theologie naturrechtlich begründet und aus dem Personbegriff abgeleitet. Demgegenüber kannte die Urgemeinde das Privateigentum nicht: alle mußten, was sie hatten, der Gemeinde zur Verfügung stellen. Ich denke, daß wir angesichts der Tatsache, daß die Armen immer ärmer und die Reichen immer reicher werden, den Gedanken der *Gemeinsamkeit der Güter und die vielfältigen Formen des Teilens* immer mehr in den Vordergrund zu rücken haben. Das müßte innerhalb einer Gemeinde oder Gruppe tagtäglich eingeübt und unter den Gemeinden weltweit praktiziert werden. In der augustinisch-franziskanischen Tradition hat sich eine mystische Sicht dieses Teilens herausgebildet: Nehmen und Geben gehören zusammen, und nur zusammengenommen zeigt sich die ganze Christuswirklichkeit (Christus totus = Christus largiens + Christus accipiens).

Kurz: Es geht darum, daß wir aus unserer spezifischen Gotteserfahrung heraus auch *andere Menschen sind* und uns *anders verstehen* und *uns anders organisieren*. Und es geht darum, daß wir in unseren Gottesdiensten diese spezifische Gotteserfahrung ekstatisch feiern – die Verausgabung der Liebe Gottes in der menschlichen Geschichte: die Geburt im Stall, das stille Dasein in Nazaret, die öffentliche Wirksamkeit, den gewaltsamen Tod am Kreuz, die Auferstehung: in all dem wird deutlich, wie Gott zu uns Menschen steht. So werden wir dann auch die innere Kraft und Ermächtigung entdecken, im Sinne Jesu in dieser Welt zu leben und zu sterben, zu sprechen, zu handeln und unter Umständen den Preis dafür zu bezahlen.

Die entscheidende missionarische Frage lautet also: Wie werden unsere Gemeinden und Gemeinschaften lebendig, aktiv, gesellschaftlich bedeutsam? Wie verändern wir als Gemeinde das gesellschaftliche Umfeld und die Welt als ganze im Sinne Jesu? Auf jeden Fall sind es die Gemeinden und Gemeinschaften, die in Zukunft die eigentlichen Träger der missionarischen Spiritualität sein werden.

2.3 Die kommenden Jahre werden uns drittens auch mit einigen konkreten *Reflexions- und Handlungsbereichen* konfrontieren. Seit Johannes XXIII. sprechen wir ja von den «Zeichen der Zeit». Wir bringen damit zum Ausdruck, daß uns der Ruf Gottes aus den Tendenzen, Fragestellungen, Nöten, Bedürfnissen der Zeit erreicht.

Gott spricht uns also von zwei Seiten her an: von Jesus von Nazaret her, also von den Erfahrungen her, welche die Jünger mit Jesus gemacht haben, aber auch von den geschichtlichen Umwälzungen und Wirklichkeiten her, in denen wir selbst stehen. Vielleicht müssen wir sogar sagen, daß wir nur in diesem Zueinander von Damals und Heute verstehen, wer Christus ist und was er von uns heute will.

Ich stelle mir vor, daß darin sogar eine *spirituelle Methodik* liegt, die wir einmal erproben sollten, etwa in der Art und Weise, wie man früher die Bibel gelesen hat: Wir sollten ganz genau hinschauen, objektiv feststellen, was geschieht, mit Interesse und Aufmerksamkeit dabeisein. Und dann sollten wir in einem zweiten Schritt die Bibel und die Tradition nochmals lesen und befragen. Ich bin überzeugt, daß sich dann neue Einsichten aufdrängen, daß sich eine neues Bewußtsein einstellt, ja eine neue Christuserfahrung. Das würde sich dann auch drittens zeigen in einem neuen Tun, das seinerseits wieder neue Erkenntnis und neue Erfahrung bringt. So würden uns die Zeichen der Zeit helfen, Christus besser zu verstehen, und die Bibel würde uns helfen, die Zeichen der Zeit besser zu deuten.

Ich will nun auch einige Zeichen der Zeit benennen, die unsere missionarische Spiritualität prägen müssen:

– Wir stellen als Zeichen der Zeit fest: *ein Aufbrechen der religiösen Sehnsucht*. Offenbar sind die traditionellen Antworten, welche das Christentum bis heute gegeben hat, nicht überzeugend genug. Wenn wir genauer hinschauen, was in dieser Sehnsucht sich zeigt, dann könnten wir vielleicht besser als bisher erkennen, daß Gott Liebe, Zuwendung, Nähe, Geborgenheit und Halt ist. Und wir würden dann eher in der Lage sein, innerhalb dieser Sehnsucht das spezifisch Christliche zur Geltung zu bringen. Dann wären wir wirklich «Zeugen Gottes in der Welt» (L. Boff), Menschen, welche erkennen, wo Gott da ist, noch bevor wir von ihm geredet haben.

– Wir stellen als Zeichen der Zeit fest: *die Sehnsucht nach Frieden*. Die Entwicklung der modernen Waffensysteme hat uns auf eine neue Ebene geführt, in der die traditionellen Antworten nicht mehr anwendbar sind. Wenn wir genauer hinschauen, was in der sog. Friedensbewegung geschieht, werden wir von Christus her sagen müssen: Da werden Antworten gesucht und zum Teil gegeben, die näher bei Christus sind. Umgekehrt könnten wir das spezifisch Christliche einbringen.

– Wir stellen als Zeichen der Zeit fest: *die Sehnsucht nach Gerechtigkeit und Freiheit.* Ich setze hier diese beiden Begriffe nebeneinander, weil sie heute oft auseinandergerissen werden. Die einen setzen gegen den Sozialismus die Freiheit, die anderen gegen den Kapitalismus die Gerechtigkeit. Aber schauen wir genauer hin, worum es geht, und lesen wir dann unsere Bibel neu. Wir werden erkennen, daß sowohl das individuelle Gut der Freiheit wie auch das soziale Gut der Gerechtigkeit der Ergänzung durch das jeweils andere bedarf. Wir werden von Christus her entdecken, daß Gerechtigkeit auch Freiheit bedeutet und Freiheit Gerechtigkeit. Es geht tatsächlich heute um eine gigantische Umverteilung der Güter und um einen allen gleichermaßen möglichen Zugang zum Leben. Wir werden in dieses Bemühen das spezifisch Christliche einbringen dürfen: die Option für die Armen. Und es geht tatsächlich heute um die Bewahrung des freien Menschen. Hat das nicht etwas zu tun mit dem spezifisch Christlichen, mit der Würde, die der Mensch hat, als Sohn und Tochter Gottes?

– Wir stellen als Zeichen der Zeit fest: *die Sehnsucht nach einer menschen- und lebensfreundlichen Umwelt.* Schauen wir doch, was hier vor sich geht. Auf der einen Seite die verantwortungslose Ausbeutung und die Folgen, die wir heute immer mehr zu spüren bekommen, auf der anderen Seite die Angst und die Sehnsucht der Menschen. Wenn wir von da aus die Bibel noch einmal lesen, dann werden wir das Geheimnis entdecken, das in allem und jedem lebt, wir werden auch darin das Schicksal Jesu und seine Verheißung entdecken können. Und umgekehrt werden wir auch eine kritische Instanz sein, da nämlich, wo die Natur gegen den Menschen ausgespielt wird.

– Wir stellen als Zeichen der Zeit fest: *die Sehnsucht der verschiedenen Religionen nach Gemeinsamkeit.* Interessant ist, daß sich diese Sehnsucht gerade bei den bisher genannten Problemfeldern zeigt. Man müßte genau hinschauen, was da geschieht. Vielleicht entdeckt man dann beim neuen Lesen der christlichen Tradition, daß sich unser Glaube schon mit vielen Kulturen verbunden hat und darum auch neue Kulturen durchdringen kann. Jedenfalls könnten wir auch gegenüber unserem eigenen Glaubensausdruck kritischer sein; wir könnten entdecken, daß der Beitrag der Germanen, der Römer, der Griechen, der Juden viel bedeutsamer ist, als wir gewöhnlich annehmen. Warum sollte es dann den asiatischen und afrikanischen Völkern verboten sein, eigene Wege zu gehen?

Ich müßte jetzt fortfahren: Es gibt so viele Bewegungen und Strömungen heute, die man genau anschauen muß: die Frauenbewegung, die alternative Szene, den Marxismus usw. – überall hat Gott seine Hand im Spiel, überall fordert er uns zu neuen Antworten heraus. In den kommenden Jahren wird sich zeigen, ob unser Glaube in der Lage ist, darauf eine Antwort zu geben. Ich möchte hinzufügen, daß viele Probleme miteinander vernetzt sind. Vielleicht könnte gerade die Pfarrei auch die Ebene sein, auf der die verschiedenen Anliegen und Perspektiven zusammenlaufen.

2.4 Vielleicht sollte ich zum Schluß sagen, wo und wie ich die Spiritualität der kommenden Jahre schon *im Ansatz und modellhaft verwirklicht* sehe.

– Ich war letzthin in einer Pfarrei in Deutschland, die sich in 20 Jahren zu einer lebendigen Gemeinde gewandelt hat: da gibt es jede Menge Menschen, die mitleben, mitfeiern, mitgestalten, nicht nur am Sonntag, sondern auch während der Woche. Da hat man das Wort «Mitarbeiter» aus dem Vokabular gestrichen, weil dieser Ausdruck voraussetzt, daß es einen Hauptarbeiter, eben den Priester gibt, der einige Mitarbeiter hat. Da gibt es so viele Gruppen, die unabhängig vom Pfarrer dieses oder jenes Problem angehen. Der Pfarrer könnte weggehen, die Gemeinde würde weiterleben. Da trifft man sich regelmäßig zu Kursen, in denen man einen anderen Umgang miteinander einübt. Da gibt es ganz einfache Leute, die nicht einmal richtig schreiben können, aber ohne Angst das Wort ergreifen.

– Ich war in einer anderen Pfarrei. Diese hat eine Partnerpfarrei in Indonesien. In dieser Partnerschaft greife ich die universale Geschwisterlichkeit des christlichen Glaubens. Da wird nicht einfach Geld gegeben, da interessiert man sich auch für die Kultur des anderen Landes. So hat man ein Batakhaus inmitten der Gemeinde gebaut. Die ganze Pfarrei hat sich beteiligt: die Männer haben eine Mooreiche ausgegraben, Bretter und Balken gezimmert, das Haus nach einem Modell aufgestellt. Die Jugend hat das Haus bemalt, die Frauen haben es eingerichtet. Man interessiert sich für Lebensweise und für die einheimische Religion. Ein Museum, das auch bei den Universitäten Aufmerksamkeit gefunden hat, zeugt davon. Und immer wieder finden da für die Batakleute in Deutschland Feste statt. Die Gemeinde ist zu einem Sammelpunkt geworden für Menschen, die sonst ihrer Kultur gänzlich entrissen sind.

– Ich kenne eine Gruppe innerhalb einer Pfarrei, die jede Woche zu einem Abend zusammenkommt. Da wird ein Menu gekocht, nach einem Rezept aus einem Kochbuch, das die Kriterien Gerechtigkeit, Umwelt und Gesundheit beachtet. Man informiert sich gegenseitig über die Zusammenhänge, übt so einen anderen Lebensstil ein, betet und feiert miteinander und hat dann auch noch ein gutes Essen. Ich weiß, daß das nur eine Gruppe ist innerhalb der Pfarrei und daß es andere gibt, die ebenso konkret Lebensstil und missionarische Aktivität miteinander verbinden.

Diese drei Beispiele machen mir Mut. Sie zeigen mir, daß wir unterwegs sind zu einer missionarischen Spiritualität der kommenden Jahre.

Spiritualität der Befreiung

Vortrag in Trier (1986)

Meine Ausführungen enthalten drei Teile. Zunächst möchte ich zwei Thesen formulieren zum Zusammenhang von Spiritualität und Theologie der Befreiung; dann werde ich das Gesagte an L. Boff und der franziskanischen Tradition aufzeigen; schließlich möchte ich einige Folgerungen für uns ziehen.

1. Zwei Thesen

1.1 These 1: *Die Befreiungstheologie lebt hier und jetzt aus spiritueller Erfahrung*

Hier und jetzt, das heißt: Die theologische Reflexion steht nicht isoliert da, sondern ist eingebettet in persönliche und soziale Erfahrungen: Es sind Erfahrungen von Armut und Leben, von Unterdrükkung und Befreiung, von Not und Hoffnung, von Gewalt und Liebe, von Einsamkeit und Gemeinschaft, von Ohnmacht und Kraft – Erfahrungen, die sich zusammenballen, die dicht werden in den sog. Basisgemeinden, wo gefragt, gesprochen, gerungen, aber auch geglaubt, gebetet und gesungen wird.

Wenn wir von Befreiungstheologie sprechen, dann haben wir nur die Reflexionsebene vor Augen, leider aber nicht die reiche Erfahrungsebene. Diese spirituelle Ebene ist fundamental.

Über diesen Zusammenhang von gelebtem geistlichen Leben und Theologie gibt es inzwischen eine ganze Reihe Veröffentlichungen, in denen das befreiende Handeln der lateinamerikanischen Kirche liturgisch gefeiert wird. Einige Beispiele sollen das verdeutlichen.

Beispiel 1 (Lateinamerikanisches Martyrologium)

25. Dezember
Geburt Jesu
(Lk 2,1–20)

Jesus kommt wie alle Kinder zur Welt. Er erscheint nicht wie durch ein Wunder in jenem Stall zu Betlehem, sondern durch die Schwangerschaft und die Geburtswehen seiner Mutter, die den Beistand von Weggenossinnen und die besorgte Anteilnahme Josefs erfährt. Dann kommen die Hirten hinzu, die «am Rande» leben, die Leute mit üblem Leumund. Sie sind die ersten, die erfahren, daß in ihrem Land, auf ihrem Boden ein Kind aus Galiläa geboren ist. Die frohe Botschaft, die den Hirten verkündet wird, lautet, daß sie einen Befreier haben. Sie sind die Repräsentanten des Volkes, die «Armen Jahwes», denen nur die Hoffnung bleibt, daß sie von jahrhundertelanger Unterdrückung befreit werden. Zu den Hirten gesellen sich die Engel, die rufen: «Ehre sei Gott in der Höhe und auf Erden Friede den Menschen, die er liebt!» Das bringt die Erzählung des Evangeliums Lukas sehr deutlich zum Ausdruck: die Ehre und Verherrlichung Gottes und das Glück der von ihm bevorzugten Armen verkörpern sich in diesem Kind, das den Armen geboren ist. Nicht Elend, Ausbeutung oder Leid wird hier verherrlicht und gefeiert, sondern die Botschaft, daß Gott mit den Armen Heilsgeschichte macht, daß er durch die Armut den Frieden stiftet, daß er ganz unten ansetzt und wahrhaft Mensch wird. Der Friede aber, den Gottes Entäußerung in Jesu Geburt stiftet, heißt Heil, Rettung, Freude, glückliches, würdiges, erfülltes Leben, leibliches und geistiges Wohl für jeden einzelnen und für die Gemeinschaft.

Beispiel 2 (Lateinamerikanisches Martyrologium)

15./16. April
Jesu Ostern
(Mt 28,1–10; Mk 16,1–11: Lk 24,1–11; Joh 20,1–18)

Alleluja! Der Herr lebt, Jesus ist auferstanden! Keine Erfindung der Frauen und Jünger, sondern Erfahrung der Zeugen, auf der der Glaube der Urgemeinde, der Christen und der Kirchen beruht. Gott hat ihn von den Toten erweckt und zum Messias gemacht. Dieses Ereignis wird zur Frohbotschaft für alle Menschen.

Der Auferstandene ist kein Sieger, der auf seine Triumphe zurückblickt, sondern ein Geschlagener; kein Mächtiger, der nun seine Macht gesichert sieht, sondern ein Besiegter, der um Gottes willen und aus Liebe zu den Menschen gekreuzigt wurde. Aber Gott hat sich auf die Seite des Opfers gestellt: Der Tote ist der Lebendige, der Geschlagene ist der Triumphierende. Gott hat durch die Auferstehung gezeigt, daß er das Alte neu machen, die Niederlage in den Sieg und den Tod ins Leben verwandeln kann.

Der Auferstandene erscheint vielen Jüngern, läßt sich sehen und berühren, teilt mit ihnen das Brot und das Essen, geht mit ihnen den Weg und stärkt sie im Glauben und in der Hoffnung auf das Reich Gottes, führt sie zur Kirche zusammen und sendet sie in alle Welt. «Ich bleibe bei euch alle Tage.» So bleibt er unsichtbar gegenwärtig und begleitet durch seinen Geist, durch sein Wort, durch seine Zeichen alle seine Jünger, seine Brüder, die allen Völkern seine Botschaft und sein Heil verkünden.

Beispiel 3 (H. Goldstein 42)

Volk des Herrn

Das Volk des Herrn auf dem Weg durch die Wüste
an der Spitze des Zuges einen Führer vernahm.
Reichtum und Güter es völlig vermißte.
Nur Hoffnung hat' es und Staub auf der Bahn.
Auch wir sind dein Volk, Herr,
unterwegs zu dir.
Wir bauen auf dich
und fürchten uns nicht.

Das Volk des Herrn, es schwankte nicht selten
und gefiel sich, die Liebe zu brechen.
Eifrig im Beten und eilig im Schelten,
erbat es Vergebung und unterstrich sein Versprechen.
Auch wir sind dein Volk, Herr,
unterwegs zu dir.
Verzeih, wenn bisweilen
zu glauben wir nicht mehr vermögen.

Das Volk des Herrn, auch Hunger es kannte,
bis du ihm gabst vom Himmel das Brot.
Voll Freude und Jubel es weiter nun zog.
Denn deine Liebe stillt alle Not!
Auch wir sind dein Volk, Herr,
unterwegs zu dir.
Da bist du uns die Speise
auf dieser so mühseligen Reise.

Das Volk des Herrn von fern endlich sah
die Gabe der Liebe: verheißenes Land.
Voll Lob und Preis war nun sein Mund.
Von Lied und Dank scholl Wüstensand.
Auch wir sind dein Volk, Herr,
unterwegs zu dir.
Und täglich kommen wir näher
dem erhofften Ziel.

Lied aus den
brasilianischen Basisgemeinden

Beispiel 4 (W. Ludin 52f.)

Schmerz der Märtyrer

*«Ich war hungrig, obdachlos, gefangen ...»
Jesus läßt sich in den Armen finden. Jenen,
die ihm nachfolgen wollen, weist er den
Platz an unter den Hilflosen und
Schwachen.*

Hier sind unsere Hände
und wir werden Kraft und Gesang sein
Hier sind unsere Stimmen
und wir werden Donner und Weinen sein.
Hier sind unsere Schritte
und wir werden der Marsch zum Widerstand sein.
Hier ist unser Leben
wir werden den Tod besiegen.

Ich bin unter den Menschen
von der Arbeit schwitzend.
Ich bin auf den Märkten
mit hängendem Kopf essend.
Ich bin bei den Nachbarn
liebend und solidarisch.
Ich bin bei dir, Bruder,
einen Hungerlohn verdienend.
Inmitten des Schweigens
in einem Armenviertel.
Auf Plätzen, ohne Mantel
einen Freund suchend.

Im traurigen Blick
eines todkranken Jungen.
Im jungen Rebellen
gegen eine Welt ohne Zukunft.

Verloren bin ich inmitten der Schreie
eines Volkes, das es nicht mehr aushält.
Inmitten seiner Schritte
Gebrüll aus tausend Kehlen.
Auf dem durchlöcherten Boden
Tod und Leichenüberreste.
Inmitten der Straßen
in Pfützen und einer roten Sonne.

Hier sind unsere Venen,
und wir werden sein wie ein ausgeworfenes Netz.
Hier sind unsere Ängste
und der Tod Tag um Tag.
Hier ist unsere Liebe,
und wir werden sein wie loderndes Feuer.
Hier sind wir Brüder,
und wir werden den Tod besiegen.

Gilmer Torres, Perú

Beispiel 5 (Mauerinschrift in Santiago de Chile)

Herr!
Gib Brot denen,
die Hunger haben!

Herr!
Gib Hunger nach Gerechtigkeit denen,
die Brot haben!

Ich glaube nicht, daß man diese Texte interpretieren muß. Sie zeigen, wie geistlich die Basisgemeinden sind und welche Kreativität in ihnen wohnt. Wo so dichte Texte und Lieder entstehen und wo so Gottes befreiendes Wirken besungen und gefeiert wird, muß kleinliche Kritik verstummen.

1.2 These 2: *Die Befreiungstheologie lebt aus der geistlichen Tradition*

Das heißt: Die «Kirchenväter» der Befreiungstheologie sind nicht so sehr K. Marx und R. Bultmann, wie das prominente, aber inkompetente Gegner der Befreiungstheologie behaupten, sondern die *Ordensspiritualität und die Mystik* der vergangenen Jahrhunderte. Die meisten der Befreiungstheologen sind Ordensleute. Das bedeutet, daß sie lange Jahre der Einübung in die je eigene Tradition hinter sich haben: oft ein kleines Seminar, sicher Kandidatur, Noviziat, Ordensstudium. Sie haben ihre Geschichte kennengelernt, die ursprüngliche Intention ihrer Gemeinschaft in sich aufgenommen, die oft radikalen Vertreter der Ordensgeschichte studiert. Das alles bleibt präsent, wenn man dann vor die Aufgabe gestellt ist, Theologie zu treiben. Das ist vielleicht nicht in Zitaten und wissenschaftlichen Hinweisen verifizierbar, aber dennoch latent vorhanden.

Hie und da wird es deutlich, etwa wenn G. Gutiérrez schreibt: «In Bartolomé de las Casas und in den Männern und Frauen, die sich wie er von den Indianern herausfordern ließen, sieht die Theologie der Befreiung ihre Vorläufer auf dem Weg, den sie selbst zu gehen versucht» (165; vgl. auch Garcia-Mateo) – oder wenn L. Boff ein Buch schreibt über seinen Ordensgründer («Zärtlichkeit und Kraft») bzw. über die Theologie des Ordenslebens («Zeugen Gottes in der Welt»).

2. L. Boff und die franziskanische Tradition

Franz von Assisi läßt in seinem Testament das *Exodusmotiv* anklingen: Franziskus will nichts mehr mit einer Welt zu tun haben, welche Aussätzige produziert und marginalisiert. Er zieht aus dieser Welt aus, um die Kultur der Barmherzigkeit, die Gemeinschaft mit den Aussätzigen und Armen zu leben – alternativ zur Stadt, außerhalb der Stadt, für die es zunächst einmal rational gesehen keinen Zugang zur neuen Lebensform des heiligen Franz gibt.

Ich meine nun, daß dieser Auszug aus der Stadt und die Zuwendung zu den Armen – beides sind befreiungstheologische Motive – zunächst einmal spirituelle Vollzüge sind, modellhaft verwirklicht in

Franz von Assisi, der seinerseits ja nichts anderes will, als die Option Jesu nachzuvollziehen. Wer die franziskanische Geschichte kennt, hat m. E. einen unmittelbaren Zugang zur Befreiungstheologie im allgemeinen und zu L. Boff im besonderen.

Ich möchte nun die theologischen Fragen, die immer auch spirituelle Vollzüge sind, aus der franziskanischen Tradition aufzeigen.

Es gibt in der franziskanischen Geschichte so etwas wie einen permanenten Konflikt mit der Kirche. Das rührt daher, daß es zum Wesen der franziskanischen Spiritualität gehört, eine *doppelte Treue* zu leben. Nicht daß die franziskanischen Orden diese doppelte Treue immer gelebt hätten – oft genug vergaßen sie sie; aber immer dann, wenn sie sich an sie erinnerten, kam es zum Konflikt innerhalb des Ordens und mit der Kirche.

Es kann kein Zweifel bestehen, daß Franziskus selbst die Kirche als Bedingung und Rahmen seines Lebens wählte. Gerade seine Treue zum Evangelium und zu dem Gott, der sich darin bezeugt, realisierte sich als *Treue zur Kirche*. Schon der mittelalterliche Bezug lehrt uns diesen Sachverhalt: «Fides» bedeutet sprachlich sowohl ganzheitliches Sich-Hingeben an das unergründliche und unfaßbare Geheimnis Gottes bzw. Leben nach dem Evangelium als auch Treue zum gesellschaftlichen System der Kirche: zu Institutionen, Riten, Sakramenten, Dogmen ... Bei Franziskus kommt diese Verkettung von kirchlicher Realität, Evangelium, Christus und Gott auf geradezu mystische Weise zum Ausdruck (vgl. A. Rotzetter, Zur Kirchlichkeit des Franz von Assisi).

Nun kommt aber noch eine andere Treue hinzu: die *Treue zu den Armen*. Ebensosehr wie die Treue zur Kirche gehört der Wechsel des gesellschaftlichen Standpunktes zur Biographie des Heiligen aus Assisi. Er beginnt das Evangelium erst von dem Augenblick an richtig – und anders als die offizielle Verkündigung der Kirche – zu verstehen, als er in der brüderlichen Umarmung des Aussätzigen die Berührungsangst und das Wertsystem seiner Vaterstadt Assisi hinter sich gelassen hat. In der Folge wählt er ein Leben am Rande von Gesellschaft und Kirche (vgl. A. Rotzetter, Die Entscheidung des heiligen Franz für die Armen; bzw.: Franz von Assisi und die Kirche der Armen). Mit anderen Worten: Von einem ursprünglich franziskanischen Standpunkt aus gibt es eine Treue zur Kirche nur unter gleichzeitiger Treue zu den Armen. Und umgekehrt: Eine Treue zu den Armen gibt es letztlich nur unter gleichzeitiger Treue zur Kirche. Ich glaube, daß diese doppelte Treue ihre Begründung finden kann sowohl in der Intention der Kirche als auch im eigentlichen Interesse der Armen. Denn Gott ist im Alten und im Neuen Testament ein Gott der Armen, das Evangelium eine frohe Botschaft für die Armen, und darum kann die Kirche nicht anders als eine Kirche der Armen sein. Und die Armen selbst können ihre Befreiung letztlich nur durch jene Instanz erreichen, die sich als verströmende und sich hingebende Liebe definiert und selbst am Kreuz noch die Uneigennützigkeit und selbstlose Solidarität mit den Armen, Nackten, Verlassenen, Gefolterten, Geschlagenen, Leidenden, Toten offenbart. Jede andere, rein innerweltliche Instanz – ob humanistisch oder marxistisch (beides hat geschichtsträchtige Motive, beeindruckende Gedanken, z. T. hilfreiche Methoden) – wird eigenen Interessen zum Opfer fallen, die wahren Interessen der Armen aus dem Auge verlieren, wenn sie sich nicht messen und bestimmen läßt durch die Liebe, die im Kreuz ihre radikale Hingabe zeigt. So ist die doppelte Treue in ihrer inneren Logik eine großartige Einheit. Im praktischen Leben aber kommt es immer wieder zur Zerreißprobe zwischen Kontemplation und Aktion, aber auch zwischen Gehorsam gegenüber der Kirche und Gehorsam gegenüber den Armen. Die Geschichte der franziskanischen Reformbewegungen könnte diese dynamische und schmerzliche Spannung darlegen[1].

Genau diese doppelte Treue ist es, die man bei L. Boff feststellen kann: Er schreibt engagiert, leidenschaftlich vom Standpunkt der Armen aus; er reflektiert, interpretiert, lebt von daher. Aber er zieht es vor, «mit der Kirche den Weg zu beschreiten und nicht allein mit meiner Theologie zu stehen» (Publik-Forum vom 17. Mai 1985). Und er fügt sich dem auferlegten Buß-Schweigen. Ich bin überzeugt, daß die franziskanische Tradition nicht nur in dieser grundsätzlichen doppelten Treue in L. Boff aufleuchtet, sondern in allen Fragen, die damit verbunden sind.

1 Leider kann hier kein detaillierter Beweis für die Behauptungen gegeben werden. Ich verweise dafür auf: *Gratien de Paris*; *E. Benz*, Ecclesia spiritualis; *H. de Lubac*, La posterité de Joachin de Fiore; *A. Rotzetter*, Eschatologie und Utopie.

Die erste dieser verborgenen Fragen, welche uns die franziskanische Tradition stellt, ist die Frage, die hinter der Befreiungstheologie als solcher steht: Was ist eigentlich die geistliche Armut? Ist sie die innere Gelöstheit von den Dingen, der Verzicht auf privaten Besitz – zugunsten des Teilens mit den Brüdern und Schwestern, mit denen man zusammenlebt? Seit Pachomius hat die geistliche Armut ganz gewiß diesen Inhalt. Aber er macht nicht das eigentliche Wesen der franziskanischen Armut aus, so sehr dieser Aspekt *auch* zum franziskanischen Gemeinschaftsgedanken gehört. Oder ist geistliche Armut Verzicht auf die Dinge, Gelöstheit von der Welt, ein asketisches Bemühen? Seit Theophor gehört auch dieses Motiv zur geistlichen Armut. Aber es macht ebensowenig wie die innergemeinschaftliche Solidarität das Wesen der franziskanischen Armut aus, wenn es auch – unter der Voraussetzung einer guten Schöpfungstheologie – ein untergeordneter Aspekt ist. Für Franz von Assisi ist geistliche Armut wesentlich eine Entscheidung für die Armen, die Aussätzigen, die Menschen am Rande, ein Standortwechsel, von dem aus alles neu in den Blick kommt. Sowohl das Testament, das von einem «Auszug aus der Welt» (= Stadt) spricht, als auch die Regel, welche den Eintritt in die Gemeinschaft als Bruch darstellt, machen deutlich, daß es sich um ein Leben *unter* den Armen handelt.

Mit anderen Worten: Es geht um eine Parteinahme für die Armen, für ein Leben am Rande von Kirche und Gesellschaft. Das ist eine positive Option, eine Wahl, nicht eine negative, die andere, z. B. die Reichen, vom Heil ausschließt. Hinter diesem Standortwechsel steht – theologisch gesehen – der Standortwechsel Gottes selbst, der in seiner «Kenosis» (Phil 2,5 ff.) das Gott-Sein aufgegeben und die Wahl für den erniedrigten und gekreuzigten Menschen getroffen hat.

Diese radikale Zuwendung zu den Armen – und das nicht nur in dem, was man hat, sondern in dem, was man ist – gehört also zum Kern des christlichen Lebens. Sie setzt – mindestens im Herzen, wie ein eindrückliches Wort aus dem Regelkommentar Hildemars besagt: «in mente debet praeponi pauper diviti» («Im ‹Geist› – das heißt im ‹Innersten›, im ‹Seelengrund› der Mystik – muß der Arme dem Reichen vorgezogen werden») – eine Parteinahme für die Armen voraus. Da gibt es keine Neutralität, die alle auf die gleiche Stufe stellt, keine «Objektivität», welche die «Wahrheit» distanziert und leidenschaftslos darstellen könnte. Die Logik der liebenden «Kenosis» kennt nur den Standort des gekreuzigten Menschen, von dem aus alles neu in den Blick kommt und alles neu wird.

Armut als Parteinahme ist also nicht etwas Neues, sondern eine Grundgegebenheit der christlichen Tradition und eine ständige Anfrage an das konkret gelebte Christentum.

2.2 Armut unter den Bedingungen des priesterlichen Amtes und der kirchlichen Bildung

Franziskus hatte nicht die Absicht, einen Priester- oder Gebildetenorden zu gründen. Seine Armutsauffassung mußte sich notgedrungen ändern, als Priester und Gebildete in seine Gemeinschaft eintraten und mit der Zeit das Sagen bekamen. Das Amt besagt schon an sich Institution und System, und auch die Bildung spiegelt notwendig die Denkkategorien einer bestimmten Gesellschaft. Das priesterliche Amt und die Schule bedeuten also gewissermaßen eine Rückkehr in das System, noch bevor man als Seelsorger ein Pastoralkonzept oder als Gebildeter eine Dogmatik vertritt.

Die frühfranziskanischen Quellen sind voll von Indizien eines Konfliktes zwischen der Armutsauffassung des heiligen Franz und jener der Gebildeten (und Priester). Im Blick auf Franziskus heißt es zum Beispiel von den Brüdern, die sich innerhalb des Systems bewegten und ihr notwendiges «außerhalb» vergessen hatten: «Möchten sich das die Hofbrüder merken und wissen, daß sie Fehlgeburten sind, die aus dem Schoße ihrer Mutter gezogen wurden» (2Cel 120).

Nicht daß Franziskus das priesterliche Amt und die Bildung grundsätzlich abgelehnt hätte! Unter der Bedingung, daß sich beides der Armut unterordnete, konnte er sie bejahen. Doch die Eigengesetzlichkeit, die diesen Phänomenen des Systems innewohnt, konnte nicht aufgehalten werden. Es kam zur *Klerikalisierung* und zur *Intellektualisierung* des Ordens und der Armutsauffassung und im Gefolge davon zur *Funktionalisierung* des Lebens: Statt absichtslos arm mit den Armen zu leben, mußte man Funktionen erfüllen: Priester, Prediger,

Professor sein. Fragen der Effektivität wurden wichtiger als Fragen des Lebens.

Die Frage, die sich daraus ergibt, vor allem für die franziskanische Bewegung selbst, lautet: Welche Beziehungen gibt es zwischen Armut und Dienst (Funktion)? Am besten, ich zitiere aus der innerfranziskanischen Auseinandersetzung. Hubertin von Casale meint: «Wir haben nicht die Absicht, das heilige und geordnete Studium der Heiligen Schrift zu verurteilen . . . Franziskus hatte die Absicht, und seine Regel will es so, daß die Brüder zunächst um des Studiums selbst willen studierten und wegen eines ganz bestimmten Zieles, d. h. um sich selbst in der wahren Demut und in der Praxis des Gebetes zu verwurzeln; sie studieren die Heilige Schrift, um sich selbst zu bilden, um die eigene Vollkommenheit zu erreichen. Bevor man anderen nützlich sein will, muß man leben, was man lehrt» (nach Gratien de Paris, aaO. 394). Um diesen Text zu verstehen, muß man wissen, daß Studium damals mehr zu tun hatte mit Schriftmeditation als mit intellektuellem Wissenschaftsbetrieb. Zudem muß man beachten, daß hier ein Wurzelgrund genannt wird: die wahre Demut, um deretwillen man studieren soll. Heute würde man sagen: um die Lebensperspektive, die man gewählt hat, nämlich die «Kenosis», den Standort des gekreuzigten Menschen, die Armut zu vertiefen. Demgegenüber haben sich andere Franziskaner einem anderen Ziel verschrieben, nämlich der Verkündigung der kirchlichen Lehre. Die Armut ist hier nicht mehr Wurzelgrund und Gesamtperspektive, sondern Mittel zum Zweck, Glaubwürdigkeitszeichen für die Verkündigung. Hubertin von Casale, der gegen diese Armutsauffassung kämpft, betont, daß es nicht die Absicht des heiligen Franz war, eine «so entfesselte Menge von Predigern» zu gründen.

In einem solchen Kontext entstand dann auch – und das notwendigerweise – die *Spiritualisierung* der Armut. Man glaubte, daß die Armut gleichbedeutend sei mit dem «usus pauper» («armer, sparsamer Gebrauch») der Dinge: Man konnte – je nach Aufgabe und Stellung – so viel wie nur möglich haben, man mußte nur sparsam im Gebrauch sein. Franziskus hingegen wollte eine Beschränkung der Dinge auf die Notwendigkeiten des Lebens selbst, eine Armut, welche die Armut der Armen widerspiegelt.

Aus der franziskanischen Geschichte ergibt sich also als Anfrage an den Orden und an die Kirche: Wieweit ist die Armut der Armen der Maßstab? Oder funtionalisiert und spiritualisiert man die Armut, daß am Ende nichts mehr davon übrigbleibt?

Gerade das Amt und die wissenschaftliche Bildung entwickeln eine Eigengesetzlichkeit, um die man wissen muß. Nur unter dieser Voraussetzung können sowohl das Amt als auch die Bildung Ausdrucksformen des franziskanischen Geistes werden.

Von diesem Ansatz her wird übrigens verständlich, daß die franziskanische Theologie immer die Priorität der Praxis und der Erfahrung (die «gustativa et palpativa experientia» (vgl. E. Benz, aaO. 276f.), «schmeckende und betastende Erfahrung») betont hat.

2.3 Die Kirche der Armen

Eine weitere Frage, welche die franziskanische Tradition an den Orden und die Kirche von heute stellt, ist die Frage nach der konkreten Armut der Kirche selbst. Innerhalb der franziskanischen Bewegung gab es immer wieder den Traum von einer armen, kontemplativen, wirklich geistlichen Kirche. Entscheidend dabei ist die Verbindung von Kontemplation und Armut. (Man erkenne darin die Spannung der doppelten Treue!) In den Kreisen, in denen man diesen Traum träumte, fühlte man sich als Schrittmacher: In den eigenen Reihen sollte die «geistliche Kirche», die in der Verbindung von absoluter Treue zum Evangelium und Treue zum konkreten Leben der Armen besteht, vorweggenommen werden. Man hat darüber hinaus mitunter zur starken prophetischen Rede gegriffen. Wenn auch viele dieser Persönlichkeiten und Gruppen in die Häresie und ins Schisma gerieten, so bleibt doch die Frage, ob sie denn so völlig im Irrtum waren. Oder haben sie gar die eigentliche Intention des Evangeliums auf ihrer Seite?

2.4 Die Armut Christi

Schließlich ergibt sich aus der franziskanischen Tradition auch die Frage nach der Armut Christi. Zwar hatte die franziskanische Bewegung zum Teil die ursprüngliche Armut aufgegeben und sich mit juristischen Unterscheidungen und mit einer Spiritualisierung von der radikalen Armut entfernt. Wahrscheinlich hatte Papst Johannes XXII. in der Konstitution «Gloriosam Ecclesiam» von 1318 zu Recht genug von dieser heuchlerischen Praxis. Aber auf der anderen Seite gab es auch jene, die die ursprüngliche Intention des heiligen Franz für sich reklamierten und die absolute Armut Christi behaupteten (vgl. J. Schlageter, Die Armutsauffassung). Armut bedeutet in diesem Kontext Verzicht auf Herrschaft und Eigentum. Der Papst glaubte, eine dogmatische Entscheidung treffen zu müssen, wonach der irdische Jesus ein universales Herrschafts- und Verfügungsrecht hatte, also nicht in dem Sinne arm war, wie die Franziskaner meinten.

Hier ist also eine dogmatische Entscheidung gefallen. Und doch kann man nicht einfach zur Tagesordnung übergehen. Denn man muß sich fragen, ob sich der Papst dabei nicht von politischen Kategorien leiten ließ, um sein eigenes Herrschafts- und Verfügungsrecht nicht zu untergraben. Auf jeden Fall bleibt die Frage an die heutige Kirche und an den Orden: War Jesus persönlich arm? Zählte er sich zu den Armen? Verstand er seine Sendung als Sendung für die Armen? Wie steht es mit seiner Herrschaft und seiner Verfügungsgewalt? Und wie verhält sich diese Armut zu seiner Gottheit? Ich habe oben schon auf einige Aspekte, vor allem auf die Kenosis hingewiesen. Doch scheint mir, gerade nach den modernen exegetischen und dogmatischen Arbeiten, die als entschieden geglaubte Frage nach der Armut Christi mehr denn je offen, wenn nicht gar im entgegengesetzten Sinn entschieden.

Ich denke, daß es des ausdrücklichen Nachweises nicht bedarf, daß alle diese Fragen aus der franziskanischen Geschichte in L. Boff gegenwärtig sind. Weite Kreise der franziskanischen Familie erkennen sich selbst in L. Boff wie in einem Spiegel. Ganze Provinzialenkonferenzen stellen sich hinter L. Boff, das Generalkapitel der Franziskaner bezieht eine eindeutige Haltung. Und an der Basis der Bewegung zirkulieren Texte, die inhaltlich und formal an die frühen franziskanischen Texte erinnern, an die Fioretti, an die Segensgebete des heiligen Franz (vgl. Fidelis. Provinzzeitschrift der Schweizer Kapuziner 72 (1985) Nr. 4).

3. Spirituelle Fragen

Im Anschluß an P. Eicher (Theologie der Befreiung im Gespräch) möchte ich nun einige Folgerungen ziehen:

1. Ich bin überzeugt, daß auch wir eine *«Option für die Armen» zu treffen haben.* Das bedeutet, daß wir unser Denken verändern, nicht mehr isoliert und schön «objektiv», sondern aus einer ganz bewußten Parteinahme heraus. Das bedeutet aber auch, daß wir unseren Lebensstil ändern. Die Solidarität mit den Armen, muß eine Prägekraft bekommen, die unser ganzes Leben umfaßt. Das ist umso wichtiger, weil wir auch bei uns mit einer großen Masse von Armen zu tun haben, mit Opfern des Systems, von dem wir uns befreien müssen: Arme an Sinn, an Beziehungen, an Möglichkeiten, Abhängige aller Art, Fremde und Ausgestoßene, Menschen, die am materiellen oder seelisch-emotionalen Existenzminimum leben müssen. Wir werden erst verstehen können, wenn wir den Standpunkt dieser Armen eingenommen haben.

2. Ich bin überzeugt, daß die *Praxisbezogenheit, die konkrete Erfahrung und der Primat der Liebe* in allem wieder betont werden müssen. Es ist einfach nicht wahr, daß das Dinge sind, die nun in der Befreiungstheologie plötzlich vom Himmel fallen und eine neue Theologie begründen. Es gab schon immer neben der Beziehung *Glaube-Vernunft* (thomistische Theologie) auch die Beziehung *Glaube-Liebe bzw. Praxis* (franziskanisch-augustinische Theologie). Auf dieser letzten Linie hat z.B. M. Luther gesagt: «experientia facit theologum». Wir können nie genug konkret, praktisch, erfahrungsorientiert sein. Das wird uns spirituell und theologisch weiterbringen als die dogmatische Verkrampfung.

3. Ich bin überzeugt, daß *das biblische Fundament* noch mehr als bisher entdeckt werden muß. Die Bibel spricht von einem *historischen Projekt*, vom Exodus des Volkes aus Ägypten, vom Reich Gottes, von Geschichte, von Urerfahrung, von Verheißung, von Vorwegnahme und Ausbleiben der Zukunft. Die Bibel spricht nicht von einem *ontologischen Projekt*, von Sein und Substanz. So wichtig diese ontologische Fragestellung ist, so relativ ist sie auch – nämlich bezogen auf Geschichte. Wir sollten uns also mehr an der Bibel als an den Dog-

men orientieren, um ein existenzielles, weltbezogenes christliches Leben zu leben und jene Faszination zurückzugewinnen, die von den ersten Christen ausging.

4. Ich bin überzeugt, daß wir nicht hinter die Aufklärung zurückfallen können und daß die *Kritik* heute die Verbündete des wahren Glaubens ist. Sie wird ja im Neuen Testament bereits auch als Gabe des Heiligen Geistes hingestellt. Nur der «discretus homo», der kritische, unterscheidungsfähige Mensch, ist ein Christ. Sonst kann der Glaube alles und jedes behaupten, sonst wird Glaube Ideologie. Gerade in Deutschland scheint man neuerdings Glaube als Ideologie verkaufen zu wollen. Es ist z.B. interessant, daß man neuerdings gerade in Deutschland wieder die Kirche als Mysterium in den Vordergrund und die Kirche als Volk Gottes in den Hintergrund rückt. Die Kirche ist gewiß ein Mysterium: Wer wirklich betet, wer eine lebendige Liturgie erlebt, weiß das. Aber wenn gerade eine reiche Kirche, die Kirche, die reich ist an Geld, Institutionen, pastoralen Mitteln usw., und nicht etwa die französische Kirche, die schon viel ärmer ist, aber gewiß reicher an geistlicher Erfahrung, zu einer solchen Aussage kommt, dann sieht das eher nach Kompensation oder sogar nach Ideologie aus. Wir sollten die Fähigkeit zur Kritik schulen und die praktische Erfahrung in der «Unterscheidung der Geister», in der kritischen Auseinandersetzung mit sich selbst und innerhalb der Kirche suchen.

5. Ich bin überzeugt, daß wir mutig *neue Wege* gehen müssen: In unseren Gemeinschaften müssen andere Umgangsformen üblich sein, von Angesicht zu Angesicht, demokratisch, dialogisch, nicht wie das leider immer noch Übung ist: hinten herum, von oben herab, von Institution zu Institution; neue Wege auch im Bereich der Liturgie: eine Feier, die wirklich von allen getragen wird, wo jeder Subjekt ist, nicht Konsument. Der Priester muß sich nicht mehr als Gegenüber zur Gemeinde verstehen, nicht mehr als Stellvertreter Christi, sondern eher auf der Linie Marias (dazu gäbe es in der franziskanischen Tradition einen guten Ansatz), als jemand, der durch das Zurücknehmen seiner selbst die Geburt Gottes ermöglicht.

6. Ich bin überzeugt, daß wir das alte biblische Wort von der *Umkehr und von der Buße* wieder als erstes Wort entdecken müssen (vgl. Mk 1,15), das Jesus gesagt hat. Jeder Christ und jede kirchliche

Organisation muß sich bewußtmachen, daß er/sie sich zu öffnen hat für den Ruf Christi hier und jetzt, daß das, was vielleicht gestern richtig war, heute falsch ist, und daß das, was heute als gut erscheint, vielleicht morgen schon schlecht ist.

Bekehrung zu Gott als Zuwendung zur Welt

Bemerkungen zum Thema Schuld und Bekehrung

Vortrag bei der Fortbildung der Schweizer Kapuziner (1984)

In den letzten Jahren ist von der offiziellen Kirche immer wieder die Bedeutung der sakramentalen Versöhnung unterstrichen worden. Aber genügt es, einfach auf die heilsame Institution «Beichte» hinzuweisen? Genügt es, den theologischen Zusammenhang aufzuzeigen zwischen Bußfertigkeit und Nachfolge Jesu? Genügt es, die Wichtigkeit auch der persönlichen Begegnung im Sakrament der Versöhnung zu betonen? Ich meine, daß hier viel grundlegendere Dinge bedacht werden müssen, wenn die Verkündigung von Schuld und Versöhnung heute wieder einen Ort bekommen soll.

1. Eine behagliche, harmlose, bedeutungslose Religion

Wie viele meiner Mitbrüder bin ich vor Weihnachten wieder stundenlang im Beichtstuhl gesessen. Dabei habe ich – mit wenigen Ausnahmen – keinen Sinn für mein Tun erblicken können.

a. Zuerst zu den Ausnahmen: Ich habe einige sehr gute Gespräche erlebt: mit einem Witwer, der von Zeit zu Zeit sexuellen Umgang mit einer Freundin hat; mit einer jungen Frau, die seit fünf Jahren nicht mehr in die Kirche gegangen ist und Haschisch genommen hat; mit einer anderen Frau, die leidet, daß ihr Glaube nicht mehr die frühere Zuversicht und Spontanität kennt; mit einer Mutter, die sich um ihre Söhne sorgt ... Ich bin froh und dankbar für diese Gespräche, welche meinen Einsatz im Beichtstuhl sinnvoll gemacht haben. Alle diese Probleme können und sollen *in der Perspektive des Glaubens angeschaut und erhellt werden.* Ein Gespräch mit einem anderen, der glaubt, kann da von unersetzbarer Wichtigkeit werden. Aber es braucht nicht notwendig der Priester zu sein und verlangt nicht von sich aus die sakramentale Beichte. Der Anteil Schuld ist bei all diesen Situationen ohnehin nur der geringere Anteil.

b. Dann aber die Mehrheit der Beichten. Sie sind ein Ausdruck einer behaglichen, harmlosen, ja bedeutungslosen Religiosität. Nicht daß ich es meinen «Beichtkindern» gegenüber an Geduld fehlen ließe. Ich glaube, daß sie mich im Beichtstuhl nicht verläßt. Was können alle diese Leute dafür? Schließlich sind sie so erzogen worden. Ungeduld habe ich höchstens gegenüber der Verkündigung, die eine solche Religiosität überhaupt ermöglicht und immer wieder fortzeugt.

Für mich werden in den meisten Beichten «Dinge» miteinander in Beziehung gebracht, die nur wenig miteinander zu tun haben und für mich einen *ärgernisträchtigen «Verhältnisblödsinn»* darstellen.

Da ist auf der einen Seite der große, reiche Gott, der in staunenswerter Liebe die Schöpfung ins Dasein ruft und sie mit seinem Atem belebt. Und auf der anderen Seite gibt es nichts zu sagen außer: «Ich bin im Gebet zerstreut gewesen.»

Da ist auf der einen Seite Gott, der sein Gottsein nicht «als Eigentum» betrachtet, sondern in der Menschlichkeit Jesu verausgabt. Und auf der anderen Seite hat man nichts anderes zu sagen außer: «Gestohlen habe ich nicht» oder «Ich habe genascht» oder «Ich habe im Geschäft etwas mitlaufen lassen.»

Da ist auf der einen Seite Jesus, der sich mit den Armen und Kleinen abgibt, die Gemeinschaft mit den Huren und Zöllnern pflegt, der gegen die praktizierten religiösen Gesetze verstößt, weil er den Menschen höher einschätzt. Und auf der anderen Seite hat man nichts anderes zu sagen außer: «Ich bin zweimal am Sonntag nicht in der Kirche gewesen.»

Da ist auf der einen Seite Jesus, der ganz aus Gott lebt und der sein Leben hingibt, damit seine Freunde, die Menschen, leben. Und auf der anderen Seite hat man nichts anderes zu sagen außer: «Ich habe mich selbst befriedigt.»

Da ist auf der einen Seite Jesus, an dem die Mächte der Bosheit sich austoben und der am Schandpfahl endet. Und auf der anderen Seite hat man nichts zu sagen außer: «Ich habe gestritten» oder «Ich habe Unkeusches angeschaut» oder «Ich bin ein wenig lieblos gewesen.»

Man verstehe mich recht: Das alles mag fehlerhaft, mangelhaft sein. Aber Schuld, für die Jesus die Grausamkeit des Kreuzes auf sich genommen hat? Wenn diese Bagatellen der Sinn waren, für den Jesus gelebt hat und gestorben ist, dann ist sowohl er wie auch das Christentum völlig überflüssig. Und dann ist begreiflich, warum die Beichte nicht mehr als heilsame Institution erfahren wird und die Kirchen leerer werden.

Nein, das Christentum ist keine Religion der Belanglosigkeiten. Seine Verharmlosung ist die größte Schuld, die wir bekennen und von der wir uns lösen müssen.

2. Das christliche Gottesbild

Je länger ich darüber nachdenke, umso mehr erweist sich mir Gott als ein weltzugewandter Gott. Gott und die Welt gehören so sehr zusammen, daß der Christ keinen weltlosen Gott kennt und auch keine gottlose Welt. Die Wiedergewinnung dieser unauflöslichen Ehe zwischen Gott und Welt ist zu realisieren, wenn wir das Ausmaß der Schuld und die Notwendigkeit der Versöhnung erkennen wollen.

Man kann eigentlich ansetzen, wo man will: man wird diese Einheit überall entdecken:

a. *Gott ist Schöpfer.* Mit anderen Worten: Der Christ entdeckt in allem, was ist, den schöpferisch wirkenden Gott. Er wird alles als Ausdruck der schöpferischen Liebe entgegennehmen. Und überall da, wo einer Raubbau betreibt, die Welt ausbeutet, das in allem wesende Geheimnis nicht wahrnimmt, etwas zerstört, versündigt er sich gegen die schöpferische Liebe und lädt Schuld auf sich, die der Vergebung bedarf.

b. *Gott wird Mensch.* Mit anderen Worten: In Jesus Christus verbinden sich Himmel und Erde. Der Christ steht darum immer vor dem

Horizont «von Himmel und Erde», d. h. des Alls. Wer sich zum Glauben an die Menschwerdung Gottes bekennt, bekennt die Einheit der Welt, die Universalität des Heils, die Solidarität mit allen Menschen, die Brüderlichkeit zwischen den Völkern und Nationen. Und überall da, wo einer eng denkt und fühlt, Mauern errichtet, Unterschiede festschreibt, in egoistischen oder sonstwie partikulären Interessen verharrt, sich nicht in die Dynamik des universalen Friedens mitreißen läßt, versündigt er sich gegen die Menschwerdung Gottes und lädt Schuld auf sich, die der Vergebung bedarf. Das gleiche gilt dann, wenn einer sich auf ein Podest stellt, statt daß er auf der gleichen Ebene mit seinem Mitmenschen menschlich lebt und handelt. «Mach's wie Gott und werde Mensch!», habe ich auf einer Weihnachtskarte gelesen.

c. *Gott steht auf der Seite der Armen.* In einer Kritik meines Buches über die «Selbstverwirklichung des Christen» hat man gesagt, daß man hier nicht einseitig sein darf. Das ist es ja gerade: das Ärgernis Gottes besteht darin, daß er sich auf die Seite der Armen schlägt und ganz und gar unausgewogen ist. Eine solche Aussage stellt gewiß uns alle in Frage, aber sie ist aufgrund der neutestamentlichen Aussage unausweichlich. Diesbezügliche Debatten an der Deutschen Synode haben für unsere europäische Kirche eindeutig gemacht, was in Lateinamerika bereits längere Zeit Glaubensaussage ist: «Manchen Synodalen erschienen die hier gebrauchten Formulierungen einseitig und überzogen. Die Aussage, daß die Armen und Kleinen von Jesus bevorzugt waren und deshalb auch die ‹Privilegierten seiner Kirche› sein müssen, stieß auf erheblichen Widerstand. Gewiß zeigte sich hier, daß ein Nerv unserer deutschen Kirche getroffen war. Aber es sprach sich wohl auch die Sorge aus, hier würde folgenlos nur eine romantische Utopie beschworen. Immerhin erreichte die z. T. leidenschaftliche Debatte, daß die eindeutige Aussage vorangestellt wurde: Jesu Zuwendung meint alle, deshalb darf auch die Liebe der ihm Nachfolgenden niemanden ausschließen. Dennoch bleibt bemerkenswert, daß die Mehrheit der Synodalen zwar bereit war, zur Abwehr möglicher Mißverständnisse Verdeutlichungen vorzunehmen, aber darüber hinaus die Aussagen dieses Abschnittes nicht abschwächen wollte und sich zur anstößigen ‹Einseitigkeit› der biblischen Aussagen bekannte» (Gemeinsame Synode . . ., Offizielle Gesamtausgabe 77). Überall da, wo einer sich weigert, mit Jesus diese Parteinahme für die Armen zu ergreifen, einen Lebensstil pflegt, der ein Schlag ins Gesicht der Armen bedeutet, eine Wirtschaftspolitik betreibt oder unterstützt, welche die Armen benachteiligt, nicht wenigstens in Gedanken «die Armen den Reichen vorzieht» und entsprechende Folgerungen zieht, versündigt er sich gegen den Lebenssinn Jesu und lädt Schuld auf sich, die der Vergebung bedarf.

d. *Gott will sein Reich errichten.* Es geht Christus und auch der kirchlichen Verkündigung letztlich um das Reich Gottes, um andere Verhältnisse, die vom Willen Gottes ganz und gar durchdrungen sind, um ein weltweites Zusammenleben der Menschen, das nicht mehr durch das «Der-Mensch-ist-dem-Menschen-ein-Wolf-Prinzip» geprägt ist, sondern von der Haltung des Menschensohnes. Und wo einer die Perspektive des Heils auf das Innerseelische, Private einengt und nicht auch die gesellschaftlichen Bedingungen neu definiert und gestaltet, vergeht er sich an der Sache Jesu und lädt Schuld auf sich, die der Vergebung bedarf.

e. *Gott stirbt am Kreuz.* Mit anderen Worten: Der Plan Gottes, sein Reich zu errichten, geht über das Kreuz. Jesus wird in seinem Einsatz für die Armen und für das Reich Gottes gehemmt, er wird ermordet. Und wo einer sein Leben durch das Erfolgsdenken bestimmen läßt und den Konflikten ausweicht, versündigt er sich gegen das Kreuz und lädt Schuld auf sich, die der Vergebung bedarf.

f. *Gott ist ein Bundesgott.* Er nimmt uns Menschen in den Dienst, verbündet sich in Jesus Christus für alle Zeiten mit den Menschen. Wir feiern diesen Bund immer wieder als Tischgemeinschaft, die in der Tendenz universal ist. Und wo einer sich nicht in Dienst nehmen läßt, sich nicht als Verbündeter Jesu Christi versteht, sich nicht als Tischgenosse Jesu und der anderen Gläubigen weiß und entsprechend handelt, versündigt er sich am Bund Gottes mit den Menschen und lädt Schuld auf sich, die der Vergebung bedarf.

Das sind nur einige Aspekte, die immer nur eines sagen: Gott und Welt gehören zusammen. Dieser Gott ist von weltweiter Bedeutung. Die Welt soll grundlegend anders werden, als sie ist. Und wir sollen ihm dabei helfen. «Ein Christ ist derjenige, bei dem alles Handeln inspiriert ist von der Gewißheit, daß Jesus von Nazareth ihn für alle anderen verantwortlich gemacht hat» (R.Garaudy).

3. Uninformiertheit als Sünde

Um unsere Schuld zu erkennen, muß man Gott erkennen. Je größer das Gottesbild, umso größer wird auch die Schuld, die auf uns lastet. Freilich: Wenn Gott ein weltzugewandter Gott ist, gehört das Schicksal der Welt zur Frage nach der Schuld vor Gott.

Darum *ist die Uninformiertheit die Sünde der modernen Zeit*. Denn es hat noch nie eine Zeit gegeben, die so viel wußte über die weltweiten Zusammenhänge wie die unsere. Und noch nie standen durch Zeitungen, Fernsehen, Radio, Bücher ... so viele Informationen zur Verfügung wie heute. So daß wir eigentlich unentschuldbar sind!

a. So wissen wir heute, daß *die Umwelt des Menschen in einem großen Ausmaß bereits zerstört ist*. Man weiß z. B.,

– daß unsere Wälder in einem katastrophalen Zustand sind und daß dafür wahrscheinlich die Auspuffgase unserer Autos und wirtschaftliche Abfallprodukte verantwortlich sind. Angesichts dieser Tatsache versündigt sich jeder gegen die schöpferische Liebe Gottes, wenn er gedankenlos in der Gegend herumfährt und nicht bei jedem Kilometer fragt, ob es notwendig sei;

– daß viele unserer Rohstoffe nicht regenerierbar sind und unwiederbringlich verloren sind. Angesichts dieser Tatsache versündigt sich jeder gegen die schöpferische Liebe Gottes, wenn er sich nicht fragt, wie er den Rohstoffkonsum durch eine Veränderung des Lebensstils und der Konsumgewohnheiten drosseln kann.

b. Wir wissen heute ebenso, daß die *Armut der Dritten Welt in einem unmittelbaren Zusammenhang steht mit dem wirtschaftlichen und politischen Verhalten der sog. reichen Länder*. Man weiß z. B.,

– daß jede zweite Sekunde ein Kind stirbt, weil es zu wenig zu essen hat und weil die Gelder für die militärische Rüstung ausgegeben werden. Mit diesen Geldern könnte man jedes dieser Kinder mehr als 125mal retten. Angesichts dieser Tatsache versündigt sich jeder, der weiterhin im Blockdenken verharrt und nicht vom Elend dieser Menschen her denkt und handelt;

– daß die Wirtschaftspolitik der reichen Länder bewußt so ausgerichtet ist, daß sie von vornherein die wirtschaftlich Tüchtigeren fördert und die ohnehin Armen benachteiligt. Angesichts dieser Tatsache versündigt sich jeder gegen den Lebenssinn Jesu, wenn er weiterhin die wirtschaftspolitischen Mechanismen unterstützt.

An diesen Beispielen soll nur deutlich werden, daß Informiertheit ein Postulat des heutigen Christseins ist. Weitere Beispiele könnten ohne weiteres beigebracht werden.

4. Vergebung durch Gott

Viele Leute wissen heute weder was sie beichten sollen noch warum sie vor Gott hintreten müssen, um sich von ihm die Vergebung zu erbitten.

a. *Die Schuld der Welt.* Mir scheint, daß gerade die oben genannten Beispiele deutlich machen, daß wir in einem weltweiten Schuldzusammenhang leben. Es ist eine überpersönliche Schuld, wenn jede zweite Sekunde ein Kind stirbt, nur weil man das Geld für militärische Zwecke braucht. Der einzelne kann nichts dafür, daß es so ist, oder nur ganz wenig. Aber jeder muß die Verantwortung auf sich nehmen und das tun, was er kann. Auch diese Schuld muß also einfließen in die Bitte um Vergebung. Auch in den kleinen Welten des täglichen Lebens gibt es solche überpersönliche Schuld. Etwa wenn sich in einer Gruppe allgemeine Resignation breitmacht oder wenn eine Ehe scheitert. Vielfach kann man das Maß der eigenen Schuld gar nicht feststellen. Trotzdem sollte man sich aus dem Schuldzusammenhang nicht fortschleichen, sondern die Verantwortung dafür übernehmen und Gott um Vergebung bitten.

b. *Die persönliche Schuld.* Selbstverständlich geht es hier immer wieder um das persönliche Versagen:

– um mangelhafte Tüchtigkeit in der Ausübung des Berufes; um schuldhaftes Nichtwissen, *wie* eine Sache anzupacken ist;

– um fehlende Einschätzung dessen, *was* man tut; um Nichtintegrierung der täglichen Handlungsmuster und Aufgaben in die Perspektive Gottes; um fehlende Beurteilung, ob das, was man tut, auch menschenwürdig ist;

– um die mangelnde Hinordnung auf das Geheimnis Gottes; um die fehlende Ausrichtung auf Gott in Gebet, Meditation und Feier; um mangelhaftes Bewußtsein von dem, *der* ruft.

Wichtig aber ist vor allem, daß die persönliche Schuld des Christen darin besteht, dem Ruf Christi in die Nachfolge nicht entschieden und dynamisch genug gefolgt zu sein.

c. *Sakramentalität.* Selbstverständlich kann man der Meinung sein, daß ein fehlerhaftes Verhalten dort wieder gutgemacht werden soll, wo es seinen Ort hat. Selbstverständlich soll man einen Mitmenschen um Vergebung bitten, wenn man gegen ihn gefehlt hat.

Und doch scheint es mir dem katholischen Denken nicht zu genügen. Nach diesem Denken stehen Gott, Mensch und Natur eben nicht in Konkurrenz. Sie stehen vielmehr in einem sakramentalen Verhältnis zueinander. Jede Sünde gegen die Natur ist eine solche gegen den Schöpfer der Natur. Jede Sünde gegen einen Menschen ist eine solche gegen Jesus Christus, der sich mit diesem Menschen identifiziert.

Und umgekehrt: Die Vergebung durch einen Menschen ist auch eine solche durch Gott. Daß man nun alle Schuld auf den hin verdichtet, der einen besonderen Auftrag zur Vergebung hat, dürfte ohne Mühe einsichtig werden, wenn man dieses Verhältnis der Sakramentalität einmal erfaßt hat.

Hinzu kommt

a. die Schuld der Welt, von der kein einziger Mensch lossprechen kann, außer er täte es im besonderen Auftrag und in der Kraft des lebendigen Gottes;

b. die persönliche Schuld gegenüber Menschen, die einem die Vergebung nicht mehr zusprechen können, weil sie gestorben oder sonstwie unerreichbar geworden sind. Hier erweist sich die sakramentale Lossprechung als Geschenk des Himmels.

5. Eucharistiefähigkeit

Zum Schluß sei noch darauf aufmerksam gemacht, daß der Ruf zur Umkehr und die Lossprechung ein Ziel haben: die Eucharistie. Im

Zeichen des gegenseitigen Brotbrechens erlebt die kirchliche Gemeinschaft immer wieder, daß Jesus nicht vergeblich gelebt hat, sondern daß das Reich Gottes kommt, sein Wille geschieht, sein Name geheiligt wird und daß Jesus lebt – für uns und für alle.

Da die Eucharistie die ureigenste Sache der Kirche ist – sie erlebt sich darin, wie gesagt, in ihrer Lebendigkeit –, muß jeder einzelne in der Begegnung mit dem versöhnenden Gott, der sich sakramental vermittelt, eucharistiefähig werden. Nur wenn jeder einzelne Teilnehmer der Eucharistie in die Dynamik Jesu eingetreten ist, wird auch die eucharistische Versammlung die Dynamik des Auferstandenen feiern können und erleben.

Frieden wagen

Lesepredigten (1981)

Vorbemerkungen

1. Ich nenne meinen Beitrag «Lesepredigten», um deutlich zu machen, daß sie in einer Gemeinde so nicht gehalten werden sollen. Es fehlt der Bezug zum konkreten Adressaten, der durch den Prediger selbst herzustellen ist. Die Predigten sind auch zu lange, so daß man notwendigerweise auswählen muß.

2. Zwei der folgenden Predigten berücksichtigen die Perikopenordnung, und zwei beziehen sich auf das Hungertuch des Bruder Klaus.

A. Frieden wagen = Christus wagen

(zu Gen 2,7–9; 3,1–7a; Mt 4,1–11)

Die Perikopen bilden eine innere Einheit, die in der *Meditation* zu erschließen ist. Man versuche, sich in das eine oder andere der folgenden Symbole aus den Perikopen zu vertiefen:

Symbole des Lebens: göttlicher Atem, Garten, viele wachsende Bäume, köstliche Früchte, Brot, Wort, Christus ...

Symbole des Todes: Schlange, essen (= konsumieren), Sünde, Gesetz, Übertretung, Steine, Satan, Adam ...

1. Die Erde ist kein Paradies

Die Erde ist kein Paradies. Sie ist kein Garten, in dem man geruhsam auf- und abspazieren könnte und zu Hause wäre. Zu viele Bäume wurden und werden gefällt. Darum gibt es in vielen von unseren Städten zu wenig Sauerstoff, diese reine Luft, die wir so notwendig brauchen. Darum kann in vielen Ländern der Wind oder das Wasser die Erde einfach davontragen (Erosion). Darum sind viele Gebiete und Landstriche in der Welt kahl und unfruchtbar. Darum verändert sich auch das Klima ...

Für viele, für zu viele Menschen gibt es darum keine Früchte mehr, weder auf den Äckern noch an den Bäumen ...

Die Erde ist kein Paradies. Sie ist eine Wüste geworden. Wir drehen im Kreis und wissen nicht, wie wir da hinauskommen. Und allzuvieles erweist sich als Fata Morgana ...

Oswald von Nell-Breuning, der Jesuit, der für Pius XI. die Sozialenzyklika «Quadragesimo anno» entwarf, sagt: «Der Weg, den wir bisher mit voller Überzeugung und mit gutem Gewissen und mit scheinbar überzeugendem Erfolg gegangen sind, hat uns nahe an den Weg des Abgrundes geführt. Es bleibt uns kaum noch ausreichend Bremsweg, um vor dem Absturz noch einzuhalten.»

2. Wir müssen vom Paradies reden

Die Kirche wagt es, vom Paradies, diesem Symbol des Friedens zu reden.

Überall lebt das Paradies in den Träumen der Menschen. Wir erzählen den Kindern vom Schlaraffenland. Die alten Griechen träumten vom «goldenen Zeitalter». Die frühen Christen, aber auch die Nationalsozialisten sprachen vom 1000jährigen Reiche. Die Marxisten kämpfen für eine klassenlose Gesellschaft. Und Christus verkündigt das Reich Gottes. Letztlich meinen wir – unter verschiedenen Nuancen, Akzenten, Verkürzungen und Verfälschungen – immer die gleiche Sehnsucht: daß der Mensch sich als lebendiges Wesen erfahren möchte, daß er den göttlichen Atem in sich verspüren will, daß doch alle Formen des Todes überwunden werden, daß er bei sich selber zuhause sein, in einem anderen Menschen ruhen und unter den Flügeln Gottes behütet sein möchte.

Wir können nicht aufhören, von diesem Symbol zu sprechen. Denn die Entwicklung, welche die Welt genommen hat, darf uns nicht ruhig lassen. Sie muß ihre Korrektur erfahren ... (vgl. R. Guardini, Über die Freiheit).

Für die Bibel und das Christentum ist die Instanz, die korrigierend über der Geschichte steht und als Kraft in uns lebt, niemand anders als Gott selbst: Lebendig, «im Paradiese» ist der Mensch nur, wenn er sein Dasein in der Gemeinschaft mit Gott verwirklicht, wenn der Atem Gottes in ihm ist, wenn er das Leben aus dem reinen Guten, aus dem Heiligen empfängt. Dann verträgt sich der Wolf mit dem Lamm, das Kind mit der Schlange. Dann sind die Sturmgewehre und Atombomben überflüssig. Man kann sie einschmelzen und Weihnachtskugeln, Heizkörper oder sonst etwas daraus machen.

Wenn Menschen in der Geschichte auftreten, die ihr Leben ganz aus Gott empfangen haben, ist noch jedesmal dieses Paradies aufgeleuchtet. Vor allem in dem Menschen, der in allen Fasern seiner Existenz aus Gott lebt und darum Gottes Sohn ist, in Jesus Christus. Von ihm heißt es: «Er lebte unter den wilden Tieren, und die Engel kamen und dienten ihm» (Mk 1,13). Von einer versöhnten Welt und vom wiedergewonnenen Paradies singen aber auch die vielen Geschichten, die von heiligen Menschen erzählt werden: Daniel und die Löwen, Franziskus und der Wolf, Makarios und die Hyäne ... (vgl. J. Bernhart).

3. Frieden wagen = Christus wagen

Wie können wir das Paradies zurückgewinnen? Wie Frieden wagen?

Das Neue Testament zögert nicht mit einer eindeutigen Antwort: indem wir uns Jesus anschließen! Indem wir uns hineinnehmen lassen in die Sohnschaft Jesu, indem wir in dessen Wirklichkeit eintauchen (Taufe!) und so mit Christus zusammen eine neue Schöpfung sind, als neue Menschen leben.

An einer Stelle des Neuen Testamentes geht man sogar so weit, «Frieden» und «Christus» gleichzusetzen: «Er selbst ist unser Friede» (Eph 2,14). Darum können wir das Thema abwandeln: «Frieden wagen» heißt für uns Christen: «Christus wagen», mit Christus zusammen unser Leben wagen.

4. Drei kritische Punkte

An drei kritischen Punkten des Lebens wird deutlich, wie ein Leben mit Jesus aussehen kann.

4.1 Die Brotfrage

Wir sind uns einig, daß wir alle essen müssen und daß wir alle Phantasie aufbringen sollen, um allen auf der ganzen Welt etwas auf den Tisch zu bringen.

Und doch liegt in dieser Frage ein Widerhaken versteckt. Wie leicht kann es geschehen, daß wir dieses elementare Bedürfnis des Menschen absolut setzen! Wo immer aber etwas Innerweltliches absolut gesetzt wird, tritt früher oder später ein Umschlag ein: Aus einer guten und notwendigen Sache wird eine bodenlos böse Angelegenheit, an der der Mensch zugrundegeht.

Wenn die Brotfrage absolut gesetzt wird, entsteht das, was der italienische Filmemacher P. Pasolini «consumismo» genannt hat. Schon Adam und Eva sind daran gescheitert: Sie haben unter den vielen Früchten die eine Frucht absolut gesetzt und sie «konsumiert». Unsere Gesellschaft produziert und produziert, ohne zu fragen, ob wir denn das alles wirklich brauchen können. Wir machen alles mit: Wir essen und trinken und konsumieren und wollen immer noch mehr. Dabei geht das zugrunde, was man früher einmal ganz selbstverständlich «Seele» nannte. Wir brauchen nur unsere Psychiater, Psychologen, Lebensmüdenberater, Telefonseelsorger, Sozialarbeiter usw. zu fragen: Die Seele ist krank, in vielen, erschreckend vielen Fällen gestorben, tot. Und es braucht viel Geduld und jahrelange Mühe, bis solche Menschen wieder erfahren, was Leben ist.

Christus erweist sich nun darin als neuer Mensch, als Sohn Gottes, als paradiesisches Wesen, daß er dieser Versuchung widersteht. Der

Mensch lebt nicht vom Brot allein, sondern vom Atem Gottes, von jedem Wort, das aus seinem Mund hervorkommt. Frieden wagen heißt darum: mit Christus zusammen wagen, im Vertrauen auf und in der Gemeinschaft mit Gott zu leben.

Nicht daß wir uns nicht einsetzen sollen, daß alle Menschen etwas zu essen haben. Im Gegenteil: Wir sollen wirklich alles tun, was uns möglich ist. Nur so sind wir Menschen, die Christus nachfolgen. Von ihm wird ja erzählt, daß er aus fünf Broten und zwei Fischen Tausende genährt hat. Selbst der Mangel und die eigene Not kann fruchtbar werden, wenn wir uns Christus anschließen.

Gemeint ist vielmehr: daß wir diese Frage im Zusammenhang mit anderen Werten sehen, daß wir nicht nur Brot suchen, sondern auch das Herz, das Gemüt, die Phantasie, die schöpferischen Kräfte, eben den Anschluß an Gottes dynamische Kraft, an den «Atem» des Schöpfungsberichtes und an das «Wort» der Versuchungsgeschichte (vgl. D. Sölle; E. Biser).

4.2 Die religiöse Frage

Ein Leben in und aus der Gemeinschaft mit Gott! Wenn das mit «Religion» gemeint ist, dann gehört sie zum Grundbestand des Menschlichen. Dann wird das entstehen, was wir mit «Paradies» meinen.

Nun kann man aber auch die Religion absolut setzen. Man kann mit ihr den Lauf der Geschichte erzwingen wollen. Entweder in der vermessenen Herausforderung Gottes, mit Wundern zu blenden. Oder dann mit Waffengewalt und Fanatismus.

Eine absolut gesetzte Religion wird sich ebenso gegen den Menschen wenden wie die absolut gesetzte Brotfrage.

So haben sich Millionen von irregeleiteten Gläubigen in Kreuzzüge und Religionskriege gestürzt. Auch heute noch: die katholische IRA und ihre protestantischen Gegner in Irland, die Christen und die Muslims im Libanon, die Juden und die Araber im Nahen Osten, die Ajatollas im Iran. Wo man die Religion absolut setzt, fließt das Blut in Strömen. Man erschrickt, wenn man ein Wort hört, das von P. Joseph de Tremblay, dem Kapuziner, der zum großen Teil die

Geschichte des 30jährigen Krieges verschuldete, stammt: «Wenn ich, um dich zu unterstützen, die ganze Welt umstürze, ist das zu wenig für meine Wünsche; in einem Meer von Blut muß ich mich ertränken, um meine Brände zu löschen» (A. Huxley).

Jesus widersteht der Absolutsetzung der Religion. Er geht nicht auf die Verlockung ein, das eben erneuerte Vertrauen zu Gott für alles und jedes zu mißbrauchen. Gemeinschaft mit Gott ja, unbedingt und in allen Fällen, aber nicht jenseits der Grenzen, die dem Geschöpf gezeichnet sind. Wenn Gott seine Wunder tun will, dann ist das seine Sache. Als Geschöpf dürfen wir sie nicht erzwingen. Weder durch ein Wunder noch mit Gewalt. Uns steht es zu, mit den Kräften zu arbeiten, die uns eigen sind: mit der Vernunft und mit aller Tatkraft und im Vertrauen, das Gott dann schon das Seine tut.

Wie viel wäre für das friedliche Zusammenleben der Menschen gewonnen! Mit Christus zusammen wollen wir den Verlockungen der Religion widerstehen und so Frieden wagen.

4.3 Die Machtfrage

Im Grunde war eben schon vom schwerwiegendsten kritischen Punkt des menschlichen Lebens die Rede: von der Macht.

Nach dem letzten Krieg hat sich R. Schneider immer und immer wieder gefragt, ob der Christ in der Welt Macht ausüben soll. Seine Antwort war ein unmißverständliches Ja. Wenn der Christ nicht bereit ist, im Bereich dieser Welt alle Kraft einzusetzen, damit man in einem Dorf, in einer Stadt, in einem Land leben kann, dann werden es halt andere tun. Und möglicherweise nicht zum Wohl des Menschen.

In der Handhabung der Macht liegt nämlich die größte Gefahr für den Menschen. Wenn sie absolut gesetzt wird, leidet ein Kind, eine Frau, ein Mann, ein ganzes Volk.

Nach Angaben der internationalen Gefangenenhilfsorganisation «Amnesty International» wird in zwei Dritteln der Staaten gefoltert. Die Versuchung zur Macht spürt ein jeder, der ein Mikrophon vor sich hat, jeder, der an einer übergeordneten Stelle steht.

Auch bei uns geschehen erschreckende Dinge. In einem Schweizer

Kanton hat ein Regierungsrat eine parlamentarische Anfrage zwar schriftlich beantworten lassen, die Antwort dann aber in der Schublade gelassen, zwei Jahre lang, weil er den Fragenden Geduld beibringen wollte, wie er selber sagte. Was ist das für ein Amtsverständnis? Aus solchem Holz sind die Diktatoren geschnitzt . . .

Christus erweist sich darin als neuer Mensch und Sohn Gottes, daß er der Verlockung der Macht widersteht. Er weiß, daß man nur Verwalter der Macht ist, daß man Gott anbeten muß, dem man Rechenschaft schuldet. Er weiß, daß alle Macht nur Dienst sein darf am einzelnen Menschen und an einem ganzen Volk. Es kommt darauf an, wie man mit dem Menschen umgeht. Christus tut es nicht von oben herab, sondern von unten herauf. Auf dem Podest steht der Mensch und seine Würde. Darum kommt Christus in der Krippe. Darum wirft er sich auf die Knie, um dem Petrus die Füße zu waschen. Darum zieht er auf einem Esel in Jerusalem ein, und darum endet er am Kreuz. Er ist gekommen zu dienen, nicht zu herrschen.

Frieden wagen ist darum gleichbedeutend mit «dienen wollen». In der Gemeinschaft mit Christus muß sich die Handhabung der Macht in Dienst verwandeln, der sich an zwei Größen mißt: am Wohl des Menschen und an der Anbetung Gottes. Nur in diesem inneren Zueinander ist Frieden möglich.

5. Frieden wagen – nicht so sehr Leistung

Auf ein Mißverständnis muß zum Schluß noch aufmerksam gemacht werden. Das Motto «Frieden wagen» tönt aktivistisch. Früher oder später würden wir die Überforderung spüren, erkennen, daß wir nichts oder nur wenig getan haben. Wir würden dann enttäuscht zum Alltag zurückkehren.

Ich glaube, daß es darum wichtig ist, die biblischen Akzente zu sehen. «Ohne mich könnt ihr nichts tun» (Joh 15,5), sagt Christus. Und: «Wenn ich über die Erde erhöht bin, werde ich alle an mich ziehen» (Joh 12,32).

Mit anderen Worten: Zuerst müssen wir vom Wesen Jesu getauft werden, uns von ihm ziehen lassen, eintauchen in seine Wirklichkeit. Dann aber kommt es zu jener Dynamik und zu jener Tatkraft, die in einem Franziskus, in einem Nikolaus von Flüe, in einer Elisabeth von Thüringen und in einer Mutter Teresa lebt. Und dann entsteht im Kleinen, vielleicht auch im Großen etwas von dem, was wir mit dem Symbol «Paradies» meinen.

Und darum sind wir jetzt da, wo Christus ist, um uns von ihm ziehen zu lassen ...

B. Frieden wagen – Ein Abenteuer des Glaubens

(Zu Gen 12,1–4a; Mt 17,1–9)

Die Symbole, welche *meditativ* zu erspüren sind: fortziehen, Land, Heimat, Vaterhaus, Segen, großes Volk, großer Name, hoher Berg, Verwandlung, Sonne, Licht, Gespräch, Hütten bauen, hinabsteigen...

1. Wagen

«Das Glück läßt sich nicht jagen
von jedem Jägerlein.
Mit Wagen und Entzagen
muß drum gestritten sein.»

So steht es in Scheffels Trompeter von Säckingen. Statt «Glück» können wir auch «Frieden» sagen. Man muß etwas riskieren, wenn man ihn gewinnen will...

Von Risikofreudigkeit, von Wagnis, von Einsatz für den Frieden ist leider nicht sehr viel zu spüren. Zwar gibt es viele, die das Gute wollen und tun, die sich zur Verfügung stellen für dieses oder jenes. Aber im großen und ganzen sind wir brave Bürger, die nicht allzuviel wagen.

Wir haben uns abgefunden, hier zu leben, in der Schweiz mit

relativ stabilen politischen Verhältnissen, im reichsten Land der Welt, mit einer demokratischen Verfassung, die auch Minderheiten Schutz gewährt.

Wir haben uns abgefunden mit der Arbeitszeit und den Arbeitsbedingungen, sind sogar stolz, daß wir mehr arbeiten und weniger streiken als die Menschen in anderen Ländern.

Wir haben uns abgefunden mit den Autobahnen, mit den Banken, die allerorten wie Pilze aus dem Boden schießen

Wir sind froh, in diesem Land zu leben und eine solche Heimat und eine solche Familie zu haben.

Daß wir Christen ein Stachel im Fleisch der Welt sein sollten, die Vorhut auf dem Marsch der Geschichte ins Reich Gottes – davon ist in unseren Gemeinden sehr wenig zu spüren.

Darum muß das Stichwort «wagen» in die Mitte rücken – als ein Wort, das Stiche gibt. Denn Wagen und Glauben gehören zusammen.

2. Produktive Unzufriedenheit

Zufriedenheit mit dem Erreichten ist schon deshalb nicht so gut, weil sie blind macht für die schwerwiegenden und hintergründigen Fehlhaltungen und Fehlentwicklungen.

Zu Hunderten könnte man Symptome nennen, die eine erschrekkende Krankheit unserer Gesellschaft und unseres Landes anzeigen. Ich bin betroffen von der Zahl der Selbstmorde: 1979 nahmen sich in unserem Land 1560 Menschen das Leben. Wenn man sie zusammennähme, ergäbe das ein relativ großes Dorf, das sich selbst zerstört hat. Und wenn man die Zahl jener hinzunimmt, die es versucht haben, ist es eine kleinere Stadt. Und das von Jahr zu Jahr, wobei die Zahl ständig zunimmt.

Ich bin betroffen von den Zwängen, welche unser Zusammenleben bestimmen. So ist jeder ein Außenseiter und wird als solcher nicht mehr ernstgenommen, der keinen Alkohol trinkt. «Nur zum Anstoßen», «nur ein Schluck!» sagt man einem, selbst wenn man bereits zwei- oder dreimal abgelehnt hat. Für einen Alkoholiker kann schon dieser eine Schluck zu viel sein und ihn in die schreckliche Abhängigkeit zurückwerfen. Man denkt nicht daran, daß man mitschuldig werden kann an einem Verkehrsunfall oder am zunehmenden Alkoholismus in unserem Land.

Ich bin betroffen vom Ausmaß des Drogenkonsums, der unterdessen bereits das hinterste Bergdorf erreicht hat. Man will sich auf diese Weise verschaffen, was man anders nicht bekommen kann: ein Hochgefühl, schöne Farben und Bilder, ein intensives Erleben, Bewußtseinserweiterung, Geborgenheit im Leben. Und wenn dann die Enttäuschung kommt, ist es bereits zu spät: Man wird so abhängig von dem Zeug, daß man dabei den Tod in Kauf nimmt.

Ich bin betroffen vom Bericht eines Industriepfarrers: In unseren Fabriken und Büros nimmt der Druck und die Hektik zu, die Arbeitsbedingungen verschlechtern sich. Von Vermenschlichung des Arbeitsplatzes kann deshalb nicht die Rede sein. Immer weniger tut man die Arbeit mit Liebe und Hingabe. Viele Arbeiter lachen verbittert, wenn man ihnen sagt, daß ihre Arbeit Teilnahme am Schöpfungswerk sei. Zum Problem «Rationalisierung» schreibt der Pfarrer wörtlich:

> «Als Pfarrer verfüge ich über bescheidene Lateinkenntnisse. Ratio, das heißt Vernunft, Verstand. Nun aber frage ich mich:
>
> – Was hat das mit Vernunft zu tun, wenn durch Rationalisierung Menschen arbeitslos würden und der Gesellschaft zur Last fielen, obwohl sie arbeiten könnten und wollten?
>
> – Was hat das mit Vernunft zu tun, wenn Arbeitnehmer bei ihrer Arbeit ‹den Kopf verlieren›, das heißt, keinen Verstand, keine Vernunft mehr brauchen für ihre Tätigkeit?
>
> – Was hat das mit Vernunft zu tun, wenn Rationalisierung menschliche Kreativität, menschlichen Entscheidungs- und Verantwortungsspielraum nur eingrenzt statt erweitert?
>
> – Was hat das mit Vernunft zu tun, wenn durch Rationalisierung nur noch schneller, noch billiger produziert und konsumiert werden könnte, der Mensch dabei aber auf der Strecke bleibt?
>
> Ich halte die Rationalisierung für einen grandiosen Etikettenschwindel! Man müßte ehrlicherweise ein anderes Wort dafür erfinden: ‹Ökonomisierung›, denn eigentlich geht es nur um mehr Wirtschaftlichkeit, vielleicht gar wider alle Vernunft.» (P. Schobel)

Ich bin betroffen von einer Geschichte, die die deutsche Theologin D. Sölle erzählt. Ein siebzehnjähriger junger Mann hat, wie er selbst berichtet, seinen Vater wiederholt um ein Gespräch gebeten. «Als der Vater endlich etwas Zeit für den Sohn übrig hatte, eröffnete er das Gespräch mit der Bemerkung: ‹Na, wieviel soll's denn sein?›... Der Sohn verließ das Zimmer und kurz danach das Haus.» Was blieb ihm übrig, wenn der Vater wie eine Verkäuferin im Laden sprach? Wenn alle Beziehungen unseres Lebens und alle Werte verkommerzialisiert werden? Wenn sie nur unter dem Aspekt des Nutzens angeboten und verkauft werden?

Ich bin betroffen von der zunehmenden Gewalt, vom Unverständnis zwischen den Generationen, von den Krawallen, von denen wir im letzten Jahr so viele miterleben konnten, vom Flugblatt, das in Bern verteilt wurde und das bereits mehr ist als eine Symptombeschreibung: «Greifen Sie zu: Erholung, Entspannung, Erlebnisse, Zufriedenheit in jeder Zeit gratis in Ihnen! Nehmen Sie doch einfach die Freiheit, zu machen, was Sie fühlen. Genau das probieren wir nämlich seit drei Wochen, nichts weiter.»

Ich bin betroffen von einem Wort Hölderlins, von dem ich glaube, daß es heute eine noch größere Wahrheit enthält: «Handwerker siehst Du, aber keine Menschen, Denker, aber keine Menschen, Herren und Knechte, junge und alte Leute, aber keine Menschen. Es gibt keine Menschen mehr, sondern nur noch Berufe.»

Ich bin betroffen über die falschen Proportionen in den finanziellen Ausgaben der Staaten. In jeder Minute werden zwei Millionen Franken für die gegenseitige Vernichtung ausgegeben. Der Ölverbrauch allein für militärische Zwecke ist doppelt so groß wie derjenige des ganzen afrikanischen Kontinents. Und wir Mitteleuropäer meinen, da mitmachen zu müssen. Da ist doch etwas nicht in Ordnung, wenn man bedenkt, daß 1,5 Milliarden Menschen keine angemessene medizinische Betreuung haben, 800 Millionen Menschen unterernährt sind und drei Milliarden Menschen kein gesundes Wasser haben: 750 000 Menschen sterben monatlich, nur deshalb, weil sie verschmutztes Wasser getrunken haben (vgl. E. Klee u.a.).

Alle diese Situationsangaben zeigen an, daß wir in einem Land leben, das weit weg ist von dem, was die Bibel unter «Frieden» versteht.

Natürlich ist das nicht nur in unserem Lande so, sondern ein Kennzeichen der ganzen abendländischen Gesellschaft. Das muß aber noch mehr aufhorchen lassen, sollte nur noch mehr Unruhe in unser gemächliches Leben bringen. Denn nur diese Unruhe und Unzufriedenheit produziert neue Wege, neue Lösungen, ein besseres Leben, Frieden hierzulande und weltweit.

So wollen wir es wagen, den Dingen in die Augen zu sehen und unseren Vorstellungen und Gewohnheiten kritisch gegenüberzutreten. Wir wollen es wagen, uns denen anzuschließen, die nach neuen Wegen und nach neuen Lebensformen suchen.

3. Gott weist in die Zukunft

Zu diesem Wagnis muß man auch von der Bibel her aufrufen. Abraham wird herausgerissen aus der Familie, die ihn geboren hat, aus dem Dorf, in dem er lebt, aus dem Lande, das die kulturellen und wirtschaftlichen Bedingungen bestimmt. Er wird auf eine Reise geschickt, damit er das wahre Leben sucht, auf eine abenteuerliche Wanderschaft, damit er den Segen des Himmels und der Erde erfährt, diese allumfassende Wirklichkeit des Friedens, für die alles zu wagen und alles zu lassen ist. Fünfmal erwähnt der Text das Wort «Segen», so wichtig ist das, was Abraham da versprochen wird (vgl. J. Moltmann, Umkehr).

Es ist die Rede von einem Land, in dem man wohnen, ja leben kann, von einem großen Namen, der durch nichts und niemanden mehr ausgelöscht werden kann, von einer gesegneten Nachkommenschaft, welche die ganze Welt umfaßt.

Alles spricht von der Zukunft in diesem Text, nichts von der Vergangenheit und von erreichten Erfolgen. Der Sinn des Lebens und der Geschichte liegt in der Zukunft. Unmißverständlich zeigt Gott in diese Richtung. Und es ist Sünde, diese Weisung nicht zu sehen und am Vaterhaus, an der Heimat, am Land, in dem man sich gerade befindet, Genüge zu finden.

Glaube ist ein Weg. Gott ruft auf, einen Weg zu gehen. Man hat in diesem Zusammenhang von «Wanderhorizonten» gesprochen. Der Friede, das Glück, das Land, das wir suchen, oder wie immer wir die Verheißung Gottes benennen wollen, das ist der Horizont, auf den wir zugehen. Er wird aber nie endgültig erreicht, solange wir in dieser Welt leben. Denn er verschiebt sich immer nach vorn, er läuft mit uns. Es bleibt also bei der Zukunft, und das auch bei allem, was wir erreicht haben. Als Gläubige werden wir nie die Hände zufrieden in den Schoß legen können. Nur als Ausziehende, als abrahamitische Gemeinschaft haben wir eine Zukunft.

4. Nicht nur nach vorn, sondern auch nach oben!

Auch Christus weist in die Zukunft. Er verkündet das Reich Gottes, spricht vom Jüngsten Tag, von zukünftigen Ereignissen. Auch Christus geht den Weg Abrahams, indem er seine Familie und seine Vaterstadt verläßt, um sein Leben zu wagen für das Wohl des Menschen, dieses Wagnis wird ihn, wie sich dann herausstellen wird, ans Kreuz heften.

Es gibt aber noch eine andere Bewegung in diesem Leben, nicht nur nach vorn, sondern auch nach oben. Dadurch unterscheidet sich Christus von Karl Marx, der die Gegenwart nur nach vorne überschreitet.

Christus nimmt Petrus, Jakobus und Johannes und uns Christen mit auf einen hohen Berg, an einen Ort jenseits von Raum und Zeit: Mose und Elija sprechen mit Jesus über die Jahrhunderte hinweg; alles Schwere und Dunkle fällt von ihm ab; die Stimme Gottes kommt aus dem Undurchsichtigen und Undurchdringlichen der Wolke und ruft: Das ist wahrhaft mein Sohn, an dem ich meine Lust und meine Freude habe. An diesem Ort ist es so schön, so friedlich, so harmonisch, daß man das Ende der Geschichte zu greifen glaubt: das Land, das Abraham verheißen wurde. Hier ist es gut, hier wollen wir uns niederlassen. Ein Mehr an Segen, an Leben, an Frieden, an Namen ist gar nicht mehr möglich.

Für uns Gläubige ist es wichtig, diesen Ort jenseits von Raum und Zeit zu finden. Sonst werden wir zum Spielball der Mächte, sonst vergehen wir in der Hitze des Tages, sonst verlieren wir den Namen in den Niederungen des Leidens, sonst gehen wir auf und zugrunde in den Äußerlichkeiten. Wir brauchen einen Ort, der unser Zuhause ist und der uns nicht genommen werden kann.

Wir können diesen Ort verschieden nennen: Versenkung in Gott, Gebet, Meditation, Gottesdienst, Feier. Und es ist zu wünschen, daß wir da den inneren Frieden erfahren, den Gott denen gibt, die er liebt.

5. Hinabsteigen

Nun gilt es aber zu erkennen, daß wir wieder hinabsteigen müssen. So sehr die Bewegung auf Gott hin und die vertraute Gemeinschaft mit ihm zu einem Leben aus dem Glauben gehören, das ist nur ein Aspekt des Lebens mit Christus.

Das geht aus der Verklärungsgeschichte eindeutig hervor. Es kommt gar nicht dazu, daß die Hütten aufgestellt werden. Christus rührt Petrus, Jakobus, Johannes und auch uns alle an, damit wir zurückkehren aus der Höhenluft. Er nimmt uns mit ins Tal, wo wir kämpfen und uns abmühen müssen.

Wir sollen mit Christus und den Aposteln «für das Evangelium leiden» (2Tim 1,8b). Leider verstehen wir diesen Satz nicht mehr ganz richtig: als ob das Leiden Selbstzweck wäre! Aber auch das Wort «Evangelium» kommt nicht mehr mit seinem vollen Inhalt auf uns. So müssen wir es mit anderen Worten sagen. «Evangelium» bedeutet doch, daß für den Menschen eine neue Wirklichkeit greifbar wird, an der er sich freuen kann: das Reich Gottes, eine Welt, in der die Armen keine Not mehr kennen, in der die Fesseln aller Gefangenen fallen, in der die Blinden wieder sehen und die Lahmen alle Hindernisse überspringen können, in der die Schuldigen freigesprochen werden und die Toten wieder aufleben (vgl. Lk 4,18). Daß das Wirklichkeit wird, dafür läßt sich leben und sterben, dafür soll man kämpfen, sich abmühen, leiden.

Das ist es, was Christus tut, wenn er vom Berg herunterkommt. Das haben auch die Apostel und die Heiligen in seiner Gemeinschaft tun wollen. Und das ist es auch, was wir selbst wagen sollen.

In der christlichen Tradition hat es dafür einen Namen gegeben: die «condescensio ad proximum», d.h. sich mit Christus hinabbegeben zum Nächsten, sich zu ihm in seiner Not neigen und diese Not wenden. Der Nächste soll erleben, was das Evangelium ist, das Leben, das von Gott kommt, der Friede, den Gott allen verheißt.

Jede menschliche Not, alle Formen des Unfriedens, die Menschen in allen Situationen, sollen hören, was Wilhelm von S. Thierry schreibt, einer der großen Männer, die in Gebet und Meditation mit Christus auf Tabor waren: «Wir werden zurückkommen, nachdem wir angebetet haben. Wir werden zurückkommen, und wirklich: So schnell wie möglich werden wir zurückkommen. Liebe zur Wahrheit führt uns von euch weg, aber die Wahrheit der Liebe verträgt es nicht, euch zu vergessen und zu verleugnen.»

Auch dazu braucht es das Wagnis des Glaubens. Denn Höhenerlebnisse, Sonn- und Festtage, mit Gleichgesinnten verbrachte Tage und Wochen, schlagen in Bann und wollen uns behalten. Das aber darf nicht geschehen, solange die Menschen leiden und die Welt nach Frieden ruft. Wir müssen es wagen, uns einzumischen in die Problem- und Konfliktfelder unserer Welt, es wagen, im Sinne Jesu zu leben und zu handeln. Mit jenem Mut, der sich nicht scheut, auch den Balken zu tragen, an dem man möglicherweise gekreuzigt wird.

C. Frieden ist allzeit in Gott – Die mystische Dimension des Bildes

Für die *meditative Einführung* benütze man die entsprechenden Unterlagen von «Fastenopfer» und «Misereor» oder folgende Symbole: Bild, Angesicht, Auge, Ohr, Mund, Kreis, Mittelpunkt, Strahlen ..., vor allem aber das Bild selbst.

1. Wir müssen im Bild sein

Das Bild hat es schwer in unseren Tagen. Es ist schon viel, wenn jemand das Bild des Mannes, der Frau, eines Freundes oder einer Freundin mit sich herumträgt. Sonst fluten die Bilder an unseren Augen vorbei. Keines bleibt haften, keines stehen, damit es in unsere Mitte hineinsinken kann.

Dabei wäre es so wichtig, Bilder in uns zu tragen. Denn ohne Bilder gibt es keine Bildung. Die Erziehung der letzten Jahrzehnte mag das vergessen haben. Man kann noch so viele Gedanken ins Hirn stopfen, wenn keine Bilder ins Herz fallen, bleibt man oberflächlich und letztlich gedankenlos.

Daß die wahre Bildung etwas mit Bildern, d.h. mit dem Anschauen von Bildern zu tun hat, wußten die Christen früherer Zeiten. Sie haben zum Beispiel die Ein-Bildung als ersten Schritt der Meditation betrachtet und dazu Anleitungen gegeben. Mit dem inneren Auge sahen sie die Bilder der Bibel an und prägten sie dem Herzen ein. Dabei verwendeten sie eine tagtraumartige Methode: Der Betrachter setzte sich selbst ins Bild, er schaute sich selbst in den biblischen Bildern als unmittelbar Beteiligten. So trug der Gläubige Bilder in sich, die ihn von innen her prägten und ihm Sinn gaben.

Das ist nun auch bei Bruder Klaus der Fall, dessen Bild uns in dieser Fastenzeit vor Augen steht. Die einfache Figur, die diesem Bild zugrundeliegt, ein Rad mit sechs Speichen, nannte er «mein Buch». Man muß wissen, daß dieser Mystiker und Politiker weder lesen noch schreiben konnte. Darum war er in besonderer Weise auf das Bild verwiesen. Aber nicht bloß deswegen nannte er es «mein Buch», sondern auch, weil auf diesem einen Blatt Gedanken zusammengeballt sind, welche ein ganzes Buch füllen könnten, wenn nicht noch mehr. Ich möchte etwas von dieser Fülle vermitteln. Zuerst, indem ich die mystische Dimension des Bildes enthülle.

2. Ein Gesicht

Das Auffallendste am Bild ist die Mitte. Der Mittelpunkt eines Kreises, aus dem uns ein Antlitz mit offenen Augen entgegenblickt.

Ich glaube, daß das bereits von großer Wichtigkeit ist: daß nicht irgend etwas oder gar nichts dasteht, sondern ein Gesicht.

Ich liebe Gesichter, weil sie mir Menschen ansichtig machen: leidende, sorgende, fragende, nachdenkliche, frohe, gemütvolle, zärtliche, liebende...

Nun ist es leider so, daß viele Gesichter gar keine Gesichter mehr sind: Nichts wird ansichtig, weil der Mensch gestorben ist oder weil er sich versteckt hinter einer Maske. Es ist etwas vom Erschreckendsten, daß in unseren Tagen so viele versteinerte Gesichter haben.

« Meditationsbild des Bruder Klaus »

Das geht so weit, daß man sich isoliert vorkommt, alleingelassen in einer kalten, anonymen Welt. Viele Menschen sehen überhaupt gar keine Gesichter mehr, keine Menschen, welche ihnen Zuneigung, Liebe, Sinn zusprechen. Das Unpersönliche, Gesichtslose prägt unser Leben: im Bus, im Zug – keine Gesichter; im Shopping Center und bei den Behörden – keine Gesichter; auf der Straße und im gleichen Wohnblock – keine Gesichter; so sehr, daß man entweder Schwellen- oder Platzangst bekommt oder jede Möglichkeit benützt, um zu verreisen.

Um so wichtiger ist es, wenn wir in diesen Tagen ein Gesicht in den Mittelpunkt stellen. Nicht irgendeines, sondern ein ganz bestimmtes, nämlich dasjenige, das jeden einzelnen Menschen und die ganze Welt anschaut: das Antlitz Gottes.

3. Das Gesicht Gottes

Wir sollten mit der Bibel wagen, bildhaft von Gott zu sprechen. Zum Beispiel, daß er ein Gesicht hat, Augen, Ohren, Mund, daß er sich nicht verbirgt, keine Maske trägt. Sein Wesen ist Zuwendung, Offenbarung. Er neigt sich zu uns, spricht mit uns, hört uns, sieht uns...

Das Gesicht Gottes ist für den Juden und nachher auch für den Christen sogar der Inbegriff dessen, was man sich wünschen und ersehnen kann.

Das kommt im Segen zum Ausdruck, den Aaron über die Israeliten sprach und den später Franz von Assisi aufgriff, um damit seine Brüder und die Welt zu segnen. Wenn man im Dunkeln geht und vielleicht sogar die Orientierung verloren hat, wenn alles sinnlos geworden ist – dann mag Gottes Gesicht Licht, Orientierung, Sinn sein. Wenn man gnadenlos gefordert ist, wenn man kaum mehr atmen kann, wenn Mitmenschen gnadenlos über einen herfallen – dann mag Gottes Gesicht zur Gnade werden. Wenn man allein ist, ohne Zuwendung und Trost, in einer kalten Welt – dann mag Gottes Antlitz Zuwendung sein. Wenn man sich gespalten vorkommt, fremd, geteilt, von allen möglichen Kräften hin- und hergerissen – dann mag Gottes Antlitz Friede und Heil vermitteln. So meinten es Aaron und Franz von Assisi.

Ich möchte hier einige Sätze zitieren, welche in einem umstrittenen Buch von A. Holl stehen:

«Unter allen ideologischen Systemen stellt allein die Religion jenes früheste Gefühl wieder her, jemandem zugewandt zu sein, der Fürsorge und Vorsorge trifft. In der jüdisch-christlichen Tradition zeigt kein Gebet dies deutlicher als ‹der Herr lasse sein Angesicht leuchten über dir und sei dir gnädig. Der Herr hebe sein Antlitz über dich und gebe dir Frieden ...› (E. H. Erikson). Keine Andachtshaltung verkörpert dieses Erleben stärker als das in der Hoffnung, erkannt zu werden, emporgewandte Gesicht ... Jenes früheste Gefühl ist das des ganz kleinen Kindes, das seiner Mutter ins Gesicht blickt. Es wäre schön, wenn unser heutiger Restbestand an Religion innerhalb der kapitalistischen Kälte die Wiederherstellung der gesellschaftlich so sehr vermißten Zärtlichkeit bringen könnte. Dazu wäre die Religion nämlich da.»

Wichtig scheint mir noch, daß sich Frieden, Erbarmen, Zärtlichkeit, Gnade – all das, was unsere Sehnsucht ist – mit einem Gesicht verbindet. Und dieses Gesicht sollen wir suchen unter allen Gesichtern der Welt. Bruder Klaus hat es gefunden, angeschaut, im Herzen getragen ...

4. Das Gesicht Christi

Ich weiß, daß man noch konkreter vom Gesicht Gottes sprechen muß. Da kommt mir eine Diskussion zu Hilfe, die in den verschiedenen Büchern und Veröffentlichungen zum Bruderklausenbild immer wieder auftaucht. Ist es das Antlitz Gottes, das da in der Mitte des Kreises ist? Oder das Gesicht des erhöhten Christus? (K. H. Zeiss – S. Walter).

Ich meine, daß man das doch eindeutig beantworten kann. Wir sehen in dieser Welt kein anderes Gesicht Gottes als Jesus Christus. Auf seinem Antlitz strahlt die Herrlichkeit Gottes wider (vgl. Joh 1,14). Wer Christus ansieht, sieht Gott (vgl. Joh 14,9). In Jesus von Nazaret zeigt uns Gott, wer er ist, wie er ist, was er für uns fühlt, wie leidenschaftlich er uns mag, wie feurig er sich einsetzt, damit wir leben.

Folgen wir den Aspekten der Zuwendung, die in unserem Bild durch goldene Strahlen hervorgehoben werden.

In jener Stunde, als Maria den Gruß des Engels vernahm, zeigte sich, daß Gott ein Gesicht hat, daß er sich dieser Frau und in ihr der ganzen Menschheit endgültig zuwenden will: Angesprochene, Angesehene, Gegrüßte, Gesegnete sind wir – von Gott, der uns nahe sein will. In der leichten Wendung Mariens wird deutlich, wo fortan ihre und unsere Mitte ist: sowohl ihr Leib wie auch ihr Zimmer ist voll von Zärtlichkeiten.

Daß Gott ein Gesicht hat, zeigte sich in der Geburt Jesu: Die Engel singen, daß in diesem Kind der Friede für die Menschen anbreche. Menschen und Tiere haben sich auf die Knie zu werfen, denn nur im Weggehen von sich selbst wird allseits Friede werden.

Daß Gott ein Gesicht hat, zeigt sich in der Schöpfung: im Wald, in dem wir spazieren gehen, im Wasser, das wir trinken, in einer Brücke, die sich über dem Abgrund erhebt, im Menschen, der so gut gebaut ist.

Daß Gott ein Gesicht hat, zeigt sich – und das ist nur den Augen des Herzens zugänglich –, wenn Jesus verraten, verhaftet, bespieen, gefoltert und ermordet wird.

Daß Gott ein Gesicht hat, wird selbst dann noch deutlich, wenn Jesus schreit, Gott habe ihn verlassen: Der Vorhang des Tempels reißt, zum Zeichen, daß jeder selbst Mann und Frau ist, um vor Gott hinzutreten. Und nichts verstellt fortan mehr den Ausblick auf den Himmel.

Daß Gott ein Gesicht hat, zeigt sich in jeder Eucharistiefeier, wo Christus Wort und Weisung ist, lebendiges Brot, feuriger Wein, helles Licht.

Jede Seite des Neuen Testamentes spricht von der ganz besonderen und einmaligen Zuwendung und Zärtlichkeit, mit der Gott uns Menschen liebt: die Kranken, die Fremden, die Hungernden, die Gefangenen, die Nackten, die Toten. Alle erfahren, so erzählen die vielen Geschichten, die über Jesus berichtet werden, daß Gott mit ihnen ist, daß er Erbarmen zeigt, daß er die Not wendet, daß er lauter Zuneigung ist. Das Gesicht Jesu ist der Widerschein der göttlichen Liebe.

5. Auge, Ohr und Mund

Kehren wir zum Gesicht in der Mitte unseres Bildes zurück. Drei Organe sind durch goldene Strahlen besonders hervorgehoben: die Augen, die Ohren, der Mund.

Die Augen sind offen. Ganz tief sind sie, als ob sie aus der Unendlichkeit kämen, um gerade uns anzusehen. In diesem Blick sollten wir verweilen...

Mit dem Psalmisten können wir dann beten: «Behüte mich wie den Augapfel, den Stern des Auges, birg mich im Schatten deiner Flügel vor allem was mich bedrängt und umstellt» (Ps 17,8).

Eine besondere Beziehung besteht offenbar zwischen dem Auge Christi und dem Kreuzesmedaillon. Soll hier gesagt werden, daß diese Augen gebrochen sind – nur deswegen, weil sie das Wohl der Menschen suchten und er darum eines gewaltsamen Todes sterben mußte? Soll angedeutet werden, daß vor diesem Auge alles nackt ist, selbst wenn man in Purpur daherkäme? Soll gesagt werden, daß im Auge Gottes das Sprichwort, wonach Kleider Leute machen, nichts gilt? Daß vielmehr ein jeder Mensch, selbst der Nackteste, eine Person ist, ein Angesehener Gottes? Und soll schließlich gesagt werden, daß jeder Gedanke und jede Tat, welche diese Würde des Menschen anerkennt und fördert, das Wohlgefallen Gottes findet? Ein Teil eines Liebesgedichtes von Erika Burkart wird mir vor diesem Bild zum Gebet:

Wie glänzt dein Auge von dem,
was du nicht weißt.
Ich liebe dich,
weil du Rätsel verwaltest,
die ohne Lösung sind und
ein Leiden.
Schön und tief ist dein Auge,
weil du dem Schmerz
Sinn zugestehst und Inbrunst
der Welt

(Burkart 142)

Auch das Ohr wird durch den goldenen Hinweis hervorgehoben. Das Ohr, das wissen wir, ist das schwächste Organ. Es muß hören, das Auge kann wegsehen...

Mit dem Psalmisten können wir fragen: «Er, der das Ohr geschaffen hat, sollte der nicht hören?» (Ps 94,9). Oder wir können schreien: «Neige doch dein Ohr meinen Bitten, Gott!» (Ps 88,3).

Und wieder stellt sich die Frage, welche besondere Beziehung zwischen dem Ohr Christi und dem Schöpfungsmedaillon besteht. Soll gesagt werden, daß alles, was in der Welt geschieht, Gott zu Gehör kommt, daß das Lob der Engel ebenso gehört wird wie der Schrei derer, die Hunger und Durst haben, daß nichts in den leeren Himmel fällt: kein Seufzen der Kreatur, kein Wimmern eines Säuglings.

Schließlich wird auf den Mund hingewiesen, auf den Atem, der von hier ausgeht und ohne den der Mund nicht leben kann, auf das Wort, das aus diesem Mund kommt und das dem Menschen mehr als Brot ist.

Die Beziehung zur Botschaft des Engels ist offenbar. In diesem Augenblick wird Gottes Wort ein Ereignis der Geschichte, es nimmt bleibend Wohnung unter uns Menschen.

Augen, Ohren, Mund – Gott steht in einer lebendigen Beziehung zu uns Menschen, sieht uns, spricht zu uns – wir sollen antworten: hören, sehen, reden...

6. Das Gesicht des Menschen

Vom Gesicht Jesu haben wir kein Foto, auch kein Porträt. In der ersten Zeit war es verpönt, von Christus ein Bild herzustellen. Sein Gesicht wollte man in seinen Worten, in seinen Taten, in seinem Leben und Sterben finden, nicht in einem gemachten Bild, das sich ja sehr wohl verselbständigen könnte.

Schon das Neue Testament geht einen anderen Weg: Statt das Antlitz Jesu in einem Bild festzuhalten, sagt man: «Was ihr dem geringsten Menschen getan habt, das habt ihr mir getan» (Mt 25,40). So sollen wir das Bild Jesu in den Geschundenen und Geknechteten dieser Welt suchen. Nur so wird man dem gerecht, was Jesus wollte. Darum ist es gut, sich eines Gedichtes von Franz Werfel zu erinnern:

Niemals wieder will ich
Eines Menschen Antlitz verlachen.
Niemals wieder will ich
Eines Menschen Wesen richten.
Wohl gibt es Kannibalen-Stirnen,
Wohl gibt es Kuppler-Augen,
Wohl gibt es Vielfraß-Lippen.
Aber plötzlich
Aus der dumpfen Rede
Des leichthin Gerichteten,
Aus einem hilflosen Schulterzucken
Wehte mir zarter Lindenduft
Unserer fernen seligen Heimat,
Und ich bereute gerissenes Urteil.
Noch im schlammigsten Antlitz
Harret das Gott-Licht seiner Entfaltung.
Die gierigen Herzen greifen nach Kot – ...
Aber in jedem
geborenen Menschen
ist mir die Heimkunft des Heilands verheißen.

(Betz 170)

7. Frieden wagen

Was hat diese mystische Seite des Bruderklausenbildes mit dem Frieden zu tun und was mit dem Thema: «Frieden wagen»?

Geben wir Bruder Klaus selbst das Wort. In einem Brief an den Rat von Bern meint er: «Frieden ist allzeit in Gott; denn Gott, der ist der Friede.»

Mit anderen Worten: Frieden ist nur aus einer Mitte heraus möglich, aus der Erfahrung des lebendigen Gottes. Darum soll sich der Christ hineinversenken in das Bild, das Gott uns von sich gegeben hat, in Jesus von Nazaret. Eine solche Innenerfahrung wird sich von selbst nach außen wenden: der innere Friede in Gott in die Tat des Friedens, erfahrene Zärtlichkeit in die Geste der Zärtlichkeit, erlebtes Erbarmen Gottes in die Werke der Barmherzigkeit.

Von allem das Wesentlichste wäre, wenn wir selbst ein Gesicht hätten und in allen Menschen ein Gesicht sähen, wenn wir nicht mehr Angst voreinander hätten und uns einander zeigen könnten, wie wir wirklich sind. Das aber könnten wir zurückgewinnen in der Begegnung mit dem Gesicht Gottes.

D. Die Werke der Barmherzigkeit wagen[1]

Für die *meditative Einführung:* Das Bruderklausenbild und die Symbole: Krücke, Wanderstab und Tasche, Brot und Weinkrug, Fessel, Kleid, Totenbahre.

1. Aufgrund seines Erbarmens

Bruder Klaus lebte aus einer Mitte heraus. Er lebte im Angesichte Gottes, buchstäblich, denn er hatte es stets vor Augen, wie das Bild beweist.

Gott war für ihn Zuwendung, Erbarmen, Zärtlichkeit. Das Bild zeigt, daß das nicht eine bloße innere Erfahrung ist, sondern weitreichende Folgen für das Leben hat.

Bruder Klaus mag sich an den Psalm 68 erinnert haben:

«Preist seinen Namen!
Freut euch vor seinem Angesicht!
Ein Vater der Waisen, ein Anwalt der Witwen
ist Gott in seiner heiligen Wohnung.
Gott bringt die Verlassenen heim
führt die Gefangenen hinaus in das Glück.»
(Ps 68,6–7)

[1] Vgl.: J. Collins – F.M. Lappé; B. Gareis – E. Wiesnet; U.M. Fiechtner – C. Magiera; Kinder unserer Zeit; E. Klee, Knast-Reportagen; Ders. Gastarbeiter-Reportage; Menschenrechtskommission des Schweizerischen Evangelischen Kirchenbundes; K.H. Zeiss – S. Walter.

Schon dem alttestamentlichen Gläubigen war klar: Gott steht auf der Seite derer, die in Not sind, nicht auf der Seite derer, die schuld daran sind. Diese, so sagt der Psalm gleich anschließend, «müssen wohnen im dürren Land».

Das Neue Testament verstärkt das. Das Erbarmen, die Güte und die Menschenfreundlichkeit Gottes nimmt, nach den Worten des Briefes an Titus, in Jesus von Nazaret konkrete Gestalt an. Deswegen müssen wir uns ändern und in die Dynamik des Erbarmens Gottes eintreten.

2. Völlige Identifizierung mit den Notleidenden

Den Schritt zur Tat dürfen wir allerdings nicht allzu schnell vollziehen. Weil wir sonst an der Tragweite der Grundaussage vorbeigehen. Weil wir sonst immer noch kneifen können und Ausnahmen machen.

Es gibt da eine eindrückliche Geschichte von einem deutschen Arzt in Rußland, der vor 200 Jahren gelebt hat. Man nannte ihn nur den Heiligen von Moskau. Maxim Gorki war von Josiph Haass, wie der Mann hieß, sehr beeindruckt. Er rechnete ihn «zu den Menschen, die ich fröhliche Gerechte nennen möchte», deren Ahnherr «wohl nicht Christus ist, der ja nach dem Zeugnis der Evangelien ein wenig pedantisch war, sondern wahrscheinlich Franziskus von Assisi, der große Künstler der Liebe zum Leben, der nicht liebte, um Liebe zu lehren, sondern weil er die hohe Kunst, das hohe Glück schwärmerischer Liebe besaß und gar nichts anderes konnte, als dieses Glück mit den Menschen zu teilen. Ich spreche ausdrücklich vom Glück der Liebe, nicht von der Macht des Mitleids..., die Charaktere hervorgebracht hat wie den berühmten Dr. Haass, den Humanisten der Tat in der schweren Zeit der Herrschaft Nikolaus I.» Das sind sehr eindrückliche Worte, die sowohl die Liebe wie auch Dr. Haass trefflich zeichnen, aber an Jesus Christus vorbeigehen. Die Geschichte, die ich erzählen will, beweist es. Eines Tages waren der Metropolit von Moskau und Dr. Haass bezüglich der Gefangenen in den Moskauer Gefängnissen nicht einig. Ungeduldig warf der Metropolit dem Arzt an den Kopf: «Wenn ein Mensch gestraft wird, so heißt das, daß er schuldig ist.» Ein Satz, den wir gewiß immer und immer wieder wiederholen. Dr. Haass brauste auf: «Sie haben nur Christus vergessen, Eminenz.» Eine große Pause entstand. Dann sagte der Metropolit, wieder ruhig geworden: «Nein, Fjodor Petrowitsch, nicht ich hatte Christus vergessen, sondern Christus hatte mich vergessen» (E. Neumaier).

Sowohl der Vorwurf wie die Antwort verdienen unsere Aufmerksamkeit. Daß die Gefangenen allesamt schuldig sind, kann nur einer behaupten, der von allen guten Geistern, von Gott und Jesus Christus verlassen ist. Der Kirchenfürst hatte die Demut, das einzusehen.

Denn: Wir haben Christus vergessen, der ein Gefangener war, von einem ordentlichen Gericht verurteilt und schließlich auch hingerichtet wurde. Schlagender kann die Kurzschlüssigkeit unserer Rede nicht entlarvt werden.

Bruder Klaus läßt auf seinem Bild darstellen, daß Gott sich in die menschliche Not hineinbegibt und sich darin bis zur Unkenntlichkeit identifiziert. In jedes Medaillon läßt Bruder Klaus ein Symbol malen:

– Ein Paar Krücken. Sie stehen da für die Zerbrechlichkeit und Schwäche des Menschen, für die vielen Krankheiten, die seinen Leib und seine Seele zersetzen. Franziskus von Assisi sagt einmal, daß Gott aus Maria «das wahre Fleisch unserer Menschlichkeit und Zerbrechlichkeit annahm». Man muß dabei wissen, daß das Mittelalter für Zerbrechlichkeit das gleiche Wort brauchte wie für Krankheit, nämlich «infirmitas». Jesus geht also völlig auf im Fleisch der infirmitas. Er identifiziert sich mit allen, die zerbrechlich sind, krank, debil, schwach und hinfällig, so sehr, daß man keinen Unterschied mehr machen darf.

– Ein *Wanderstab* und eine *Tasche*. Sie stehen da für alle, die unterwegs sind und keine Herberge haben, für die Vertriebenen, Ausgestoßenen, Obdachlosen, Flüchtlinge, Gastarbeiter, für alle, die keinen Unterschlupf finden und keine Heimat haben. Auf ihrer Seite steht Gott selbst, in Jesus von Nazaret, der in keiner Herberge Platz fand und in einem Stall das Licht der Welt erblickte. Er identifiziert sich so sehr, daß es Gotteslästerung wäre, einen Unterschied suchen zu wollen.

– Ein *Wein- oder Wasserkrug*, ein Laib *Brot* und ein Stück *Fleisch*. Sie stehen da für jene, die das alles entbehren müssen. Für die zwei

Drittel der Menschheit, die falsch ernährt sind oder gar nichts zu essen haben, für alle, die keinen Wein mehr haben und nur verschmutztes Wasser kennen. Gott ist auf ihrer Seite, wie die Worte und Taten Jesu zeigen. Denn er hat uns aufgerufen, Brot zu verteilen und köstliches Wasser bereitzustellen. Er selbst hat Tausenden Brot gegeben, als sie nichts zu essen hatten. Er selbst wußte, was Hunger ist, da er sich einem Fasten unterzog, was freilich etwas ganz anderes ist.

– Eine *Fessel.* Sie steht da für alle Gefangenen, für die Menschen in den Erziehungsanstalten, Zuchthäusern, Gefängnissen, Strafvollzugsanstalten, für die Untersuchungsgefangenen und Verurteilten, für die Zwangseingewiesenen, in unserem Land und überall auf der Welt, für alle, die nach Amnesty International in menschenunwürdigen Verhältnissen leben müssen. Gott steht auf ihrer Seite. Das mag ärgerlich klingen, aber wir müssen diesen Satz zulassen. Denn Jesus wurde verraten, verhaftet, gefoltert und ermordet. Er identifiziert sich völlig mit ihnen, weshalb auch uns die Gefangenen auf besondere Weise anvertraut sind.

– Ein *Rock.* Er steht da für alle, die nichts als die nackte Existenz haben, für jene, denen alles genommen ist, die nur noch das eigene Leben haben und wahrscheinlich auch das noch lassen müssen. Gott steht auf ihrer Seite, hundertprozentig.

– Eine *Totenbahre.* Sie steht da für alle, die ihr Leben lassen mußten und die dem Vergessen anheimfallen könnten. Gott selbst steht auf ihrer Seite, auf eine erschreckende Weise, so daß einige Theologen sogar eine «Gott-ist-tot-Theologie» entwickelt haben. Jesus ist ihnen gleich geworden, so sehr, daß sich an ihm entscheidet, ob die Toten leben.

Bruder Klaus will uns zum Bewußtsein bringen, auf welcher Seite Gott steht.

3. Werke der Barmherzigkeit

Schon in früher christlicher Zeit zog man aus dieser Einsicht die einzig mögliche Konsequenz: Christ ist eigentlich nur, wer Werke der Barmherzigkeit tut.

Christ ist nur, wer die Gemeinschaft mit den Kranken sucht und ihnen jene Nähe bezeugt, die allein Trost und Kraft gibt.

Christ ist nur, wer ein offenes Herz und ein offenes Haus hat und dafür besorgt ist, daß jeder eine Herberge oder eine Heimat findet.

Christ ist nur, wer vom eigenen Tisch etwas abgibt, damit der Hunger und der Durst der Welt gestillt wird.

Christ ist nur, wer sich um das Los der Gefangenen sorgt und jene Verbindung nicht abbrechen läßt, welche zwischen lebendigen Menschen bestehen muß.

Christ ist nur, wer dem Menschen das gibt, was seiner Würde entspricht: Wärme, Schutz, Geborgenheit.

Christ ist nur, wer auch dem Toten nicht verwehrt, was dem Lebendigen gebührt: Ehre, Respekt, Würde.

Es wäre schön, wenn wir in dieser Fastenzeit die Werke der Barmherzigkeit bedächten und danach handelten.

4. Caritas und Politik

Es wäre gewiß schon viel, wenn jeder von uns eine solche Tat vollbrächte. Wenn wir aber das unabsehbare Elend betrachten, das sich um diese Stichworte ansammelt: um Krankheit, Obdachlosigkeit, Hunger, Gefangenschaft, nackte Existenz, Tod, dann darf es nicht nur bei isolierten Taten bleiben.

Dann müßten wir vielmehr zusammenstehen, Gruppen bilden und uns fragen, wo in unserer Gemeinde und in unserem Land eine solche Not besteht. Es kommt bestimmt jede Not vor, vielleicht nicht mehr so offenbar wie in früheren Zeiten, sondern verschämt und versteckt. Man muß nur einmal die Bewegung fragen, die sich «die vierte Welt» nennt. In Gruppen könnten wir uns gegenseitig die Augen öffnen, könnten Hilfsmaßnahmen planen, Strategien entwickeln, sachgemäß und personenbezogen die Not wenden.

Vielleicht sollten wir auch überlegen, daß eine Hinwendung zur Politik unbedingt notwendig ist, wenn wir dem Menschen wirksam helfen wollen.

Das Wort «Politik» ist zwar umstritten. Doch sollten wir einmal folgendes bedenken: Liebe – das ist etwas Spontanes und kommt von Herzen. Da ist eine Not, von der sich der Liebende unmittelbar angesprochen fühlt. Er hilft dann wie der Samariter im Evangelium.

Wenn aber immer wieder, jeden Tag, jemand auf diesem gleichen Weg, vielleicht an der gleichen Stelle unter die Räuber fällt, dann darf man sich nicht mehr nur auf die Liebe, die spontane Hilfe verlassen. Dann muß man nachdenken, Maßnahmen treffen, einen ganz bestimmten Raum, eben dieses Wegstück gestalten, damit fortan keiner mehr unter die Räuber fällt. Und diesen Gestaltungswillen kann man dann Politik nennen.

Ich glaube darum, daß sich Gruppen, die sich um die grundlegenden Notsituationen des Menschen kümmern wollen, politisch ausgerichtet sein müssen, nicht im Sinne von Parteipolitik, sondern in dem Sinne, daß man Hintergründe aufspürt und die Lebensbedingungen verändert, die immer wieder Kranke, Obdachlose, Hungernde, Gefangene, Nackte und Tote hervorbringen.

5. Die Dritte Welt in den Blick nehmen

Eine zweite Bekehrung ist uns heute abverlangt, nicht nur die Hinwendung zur Politik, sondern auch die Hinwendung zur Dritten Welt.

Die Notsituationen sind heute weltweit untereinander verknüpft. Man weiß um die Zusammenhänge. Daß es dort, in der Dritten Welt, nicht aufwärtsgeht, daß es vielmehr immer schlechter geht – das liegt daran, daß wir uns nicht einschränken können, weil wir nicht den Mut haben, unsere Lebensbedingungen auf andere wirtschaftliche Grundlagen zu stellen, weil wir zu wenig auf unsere Politik einwirken. Über diese Zusammenhänge soll hier nicht weiter gesprochen werden.

Nur ein Beispiel sei erwähnt. Wir werden hierzulande immer wieder zu Spenden für Hungernde in der Sahelzone aufgerufen. Man weiß heute genau, woran es liegt. Die FAO, ein Organ der UNO, hat nachgewiesen, daß jedes Land dieser Zone genügend Reis produziert, um die gesamte Bevölkerung des Landes zu ernähren, auch dann, wenn die schlimmsten Dürrezeiten kommen. Man müßte dann darum besorgt sein, daß diese Länder nicht exportieren müssen, man müßte unsere Importpolitik prüfen, man müßte Verschiedenes tun, nur nicht Jahr für Jahr unter dem Deckmantel der Liebe Geld für Hungernde sammeln. Ich möchte allerdings verstanden sein: Wenn eine solche Sammlung fällig wird, dann muß man helfen. Aber langfristig tut anderes not.

So müßte jede Notsituation angeschaut werden, um spontan zu helfen und langfristig zu planen, daß sich die Not nicht wiederholen kann.

6. Christliche Gemeinden als notwendige Voraussetzung für den Weltfrieden

Ich will gewiß nicht einer Politisierung unserer Pfarreien das Wort reden. Aber ich möchte, daß beides zusammenbleibt, so wie auf dem Bild des Bruder Klaus: die Mystik, d.h. die Innenerfahrung der Barmherzigkeit Gottes, und die Politik, d.h. die Umsetzung der Barmherzigkeit in die Tat und die Wahrheit.

Wenn dann in unserem Lande eine lebendige Kirche des Volkes entstünde, viele Gruppen, die sich mit aller Phantasie der weltweiten Not annähmen, für welche im Bild des Bruder Klaus Symbole stehen: die Krücke, der Wanderstab und die Tasche, Brot, Wein, Fleisch, die Fessel, das Kleid, die Totenbahre – dann könnte das nicht ohne Auswirkungen bleiben für den Weltfrieden.

Wagen wir also die Werke der Barmherzigkeit, wagen wir eine lebendige Gemeinde, die spontane und langfristige Initiativen für die grundlegenden Nöte der Welt ergreift. Nur so wird der Friede gewagt, den wir alle so sehnsüchtig wünschen.

Aus Gnade und Gerechtigkeit leben

Vortrag vor der Generalversammlung der Aktionsgemeinschaft der Christen für die Abschaffung der Folter ACAT (1988)

1. Aus Gnade und Gerechtigkeit leben – das könnte eine *Kurzformel* sein für das, was ich in der ACAT erleben und erstreben möchte.

2. Ich orientiere ja mein Leben an *Jesus von Nazaret*, an diesem wunderbaren Menschen, der für mich mein und der ganzen Welt Christus ist. In der Begegnung mit ihm darf ich wissen: Ich bin bedingungslos und voraussetzungslos angenommen, geliebt, geborgen – und nichts ist in mir, was diese Liebe anzöge und verdiente. Aber es gibt auch nichts in mir, was Gott hindern könnte, mich zu lieben: nicht Schuld und Versagen, auch nicht meine Verflochtenheit in die böse Geschichte der Menschen. Ich bin hineingenommen in die Liebesekstase Gottes, in das Fest der Liebe, in den Taumel des Lebens, in die Lust des lebendigen Gottes, bei den Menschen zu sein. Das ist für mich als Angehöriger einer franziskanischen Tradition der Sinn der Geschichte: «Deus vult condiligentes se – Gott will uns als solche, die mit ihm zusammen lieben» (Duns Skotus). Daß Gott mich würdigt, in einem schöpferischen Akt zurechtmacht, durch seine durch nichts verdiente Nähe in Jesus Christus rechtfertigt, mich in seiner Liebe sammelt – das ist hier und jetzt schon und immer wieder das Wunder, das mich am Leben erhält.

3. Was ich in der meditativen und persönlichen Begegnung mit Jesus erkenne, das darf ich nicht nur für mich persönlich glauben. Ich muß

es *auch für die anderen Menschen annehmen und ein entsprechendes Verhalten ableiten.* Auch der andere, mag er noch so sehr schuldig geworden sein, kann nur aus Gnade und Vergebung leben, auch für ihn ist das Fest der Liebe und Nähe Gottes bereitet. Ich darf nicht wie ein älterer Bruder sein, der sich dem Freudenfest und dem Tanz der Vergebung entzieht und verständnislos draußen bleibt, statt der Faszination der Gnade und den begeisternden Rhythmen der Liebe zu folgen (Lk 15, 35 ff.). Ich darf nicht sein wie der Diener, dem die Schuld von sage und schreibe 4,8 Milliarden Schweizer Franken (bei einem heutigen Arbeitstageslohn von SFr. 80.–) – das elffache Jahreseinkommen Herodes des Großen und das fünfzigfache gesamte Steueraufkommen von Galiläa und Peräa im Jahre 4 n. Chr., also eine immense Schuld – erlassen wird und der dann gleich nachher einen Schuldner ins Gefängnis wirft, nur weil er seine vergleichsweise kleine Schuld von lediglich SFr. 8000.– nicht gleich zahlen kann. Nein: Was ich erfahre, muß ich zur Erfahrung bringen; was ich für mich glaube, muß ich auch in anderen sehen; was ich vertikal, mystisch, in meiner persönlichen Beziehung zu Gott feiern darf – die Gnade und schöpferische Liebe Gottes –, das muß ich auch horizontal, politisch, in meinen vielfältigen Beziehungen ausfalten und in der konkreten Begegnung mit dem Menschen zur dichten Erfahrung machen. Franz von Assisi, an dem ich mich orientiere, hat dies wiederum ganz einmalig formuliert: «Darin will ich erkennen, ob du den Herrn und mich liebst, wenn du folgendes tust: es darf keinen Bruder auf der Welt geben, mag er auch gesündigt haben, soviel er nur sündigen konnte, der deine Augen gesehen hat und dann von dir fortgehen müßte ohne dein Erbarmen... Und würde er danach auch noch tausendmal vor deinen Augen sündigen, liebe ihn mehr als mich, damit du ihn zum Herrn ziehst» (BrMin 9f.). An anderer Stelle sagt Franziskus: «Mag zu ihnen kommen, wer da will, Freund oder Feind, Dieb oder Räuber, sie sollen ihn voll Güte aufnehmen» (NbReg 7,14). Mit anderen Worten: Das Kriterium, an dem sich die Christlichkeit unseres Verhaltens ablesen läßt, ist die bedingungslose und voraussetzungslose Vergebung und Güte, die Gnade und schöpferische Liebe Gottes, die sich in mitmenschlichen Beziehungen und Begegnungen Ausdruck verschafft.

4. Wohlverstanden: Güte und Gnade bleiben gerade nicht stehen vor dem Faktum der Schuld, sondern holen sie ein. Gnade bedeutet ja gerade das Verhalten Gottes zum Schuldiggewordenen, bedeutet ja diesen schöpferischen Akt: daß der Sünder umgestaltet, zurechtgemacht, aufgerichtet und als Geliebter an das Herz gedrückt wird. Es gibt darum für mich niemanden, über den ich eine Urteil fällen könnte, ohne daß auch das Urteil über mich selbst revidiert werden müßte (Mt 7,1–2; Joh 8): in dem Maße, wie ich vergebe, in dem Maße wird mir vergeben. Und darum könnte gerade da eine neue Geschichte in Gang kommen und eine neue Welt entstehen, wo wir über alle Schuld hinweg Güte und Gnade leben und neue Beziehungen möglich machen. Das ist für mich der *spezifisch christliche Beitrag* zur Gestaltung einer menschlicheren Gesellschaft.

Es ist zwar richtig, daß die Gerechtigkeit die Basis für ein menschliches Zusammenleben ist. Jeder Mensch hat, weil er Mensch ist, einen Anspruch, gerecht beurteilt zu werden. Und die staatliche Rechtsprechung sollte das zum obersten Maßstab erheben: Es darf im menschlichen Zusammenleben kein Unrecht geben, keine Benachteiligung der einen zugunsten der anderen, vor allem nicht der Schwachen zugunsten der Mächtigen. Darum stehen Recht und Rechtsprechung ihrer Intention entsprechend – und hoffentlich auch faktisch – immer auf der Seite der Opfer, der Schwachen, der Rechtlosen. Es gibt ein *Recht auf Gerechtigkeit*, und ich will es einfordern, wo es verletzt wird. Aber ich möchte hinzufügen: Mit dem Blick auf Jesus von Nazaret gibt es auch ein *Recht auf Gnade*: Franziskus hat einmal von der «durch Christus erworbenen Gerechtigkeit» (iustitia per Christum acquisita: NbReg 9,8) gesprochen, und dieses Recht geht weit über das hinaus, was mit dem Recht auf Gerechtigkeit gemeint ist. Es übersteigt das gesatzte Recht unendlich und gibt der Rechtsprechung und dem möglichen Strafvollzug einen neuen Horizont und eine neue Perspektive: Gnade und Güte will ich auch fordern für den Schuldigen, der sich meinem Urteil letztlich entzieht. Wer könnte diesen Aspekt der Gnade einbringen, wenn nicht der Christ?

5. Darum möchte ich die Gnade im *Strafvollzug* betonen: Der Schuldiggewordene soll nicht so sehr bestraft werden, als vielmehr eine

neue Möglichkeit, als Mensch zu leben, geschenkt bekommen; der Schuldiggewordene soll für seine Tat nicht mit Rache bedacht, sondern durch Güte auf neue Lebensperspektiven aufmerksam werden; der Schuldiggewordene soll inmitten unserer Gesellschaft eine neue Chance bekommen und nicht immer wieder an seine Schuld erinnert werden.

Darum möchte ich mich für eine *Gesetzgebung* einsetzen, die Gnade und Güte als Perspektive hat und nicht in erster Linie Recht und Ordnung; ich möchte mich einsetzen für eine dynamische Gesetzgebung, die sensibel ist für das vielfältig verletzte Recht auf Würde, für das Recht der Armen, der Ausländer, der Arbeitslosen, der Asylanten in unserer Mitte; darum wende ich mich gegen eine statische Auffassung von Recht und Ordnung, die allein nach dem Buchstaben des Gesetzes urteilt.

Darum möchte ich mich einsetzen für alle verletzte Würde in der Untersuchungshaft und in den Gefängnissen, gegen alle Methoden, die nicht von Gnade und Güte geprägt sind, gegen seelische und leibliche Folter. Und darum bin ich auch persönlich gegen die Todesstrafe und gegen jede Verfügung über das Leben anderer. Darum möchte ich aus Gnade und Gerechtigkeit leben.

Was ist uns Schweizern die Freiheit wert?

Vortrag in der Pfarrgemeinde Bern-Bümpliz (1987)

Vorbemerkung. Selbstverständlich könnte der Vortrag auch in anderen demokratischen Gesellschaften stattgefunden haben. Nur weniges von dem, was im folgenden gesagt wird, ist speziell schweizerisch.

1. Ich behandle das Thema «Was ist uns Schweizern die Freiheit wert?» als Theologe. Da mag in manchem Zuhörer die Frage oder sogar der Vorbehalt auftauchen, was denn das mit Religion und Glaube zu tun habe. Darum möchte ich zunächst drei Möglichkeiten aufzählen, wie man das *Verhältnis von Staat und Religion* deuten kann.

1.1 Es gibt Leute, die sagen, die Religion habe *gar nichts mit dem Staat* zu tun. Aufgabe der Religion sei es, die Beziehung des einzelnen zu seinem Gott zu fördern. Und das sei eine rein innerliche, private Angelegenheit. Diese Auffassung hört man oft von Diktatoren, die ganz massiv die Menschenwürde knechten. So sagte erst kürzlich der chilenische Präsident Pinochet (Zeitungsnotiz vom 9. März 1987), die Bischöfe sollten sich in den Bereich von Gebet und Gottesdienst zurückziehen und sich nicht ständig in die Angelegenheiten des Staates einmischen.

Nun muß man hier sagen, daß Religion tatsächlich jedem einzelnen Halt geben möchte. Das Herz des Menschen soll verankert werden in einem Grund, der allen Zufälligkeiten enthoben ist. Es geht um eine Rückbindung des einzelnen und der ganzen Welt an Gott. Nur dann bekommen die Werte, die das Zusammenleben der Menschen bestimmen, einen absoluten Wert. Nur dann kann der Staat letztlich bestehen. Darum ist es gut, wenn unsere Bundesverfassung «im Namen Gottes» beginnt. Doch müssen wir sehen, daß diese Bindung nicht einfach eine solche von Gebet und Meditation ist, wie das eine neuplatonische Philosophie vielleicht nahelegt, sondern auch die Art der ethischen Normen bestimmt, also auch das tagtägliche Verhalten und Gestalten betrifft.

Ich kann nur eines sagen: Die Auffassung, wonach die Religion nur diese Rückbindung des einzelnen an Gott bedeutet, läßt sich biblisch nicht halten. Da geht es um ein Volk, das als Volksganzes dem Willen Gottes entspricht. Da geht es nicht nur um das persönliche Gottverhältnis, sondern auch um die mitmenschlichen Beziehungen.

1.2 Eine zweite Ansicht besteht darin, daß *Religion für den Staat nützlich ist*. Ich möchte Ihnen hierzu vorlesen, was Napoleon Bonaparte gesagt hat:

> «Was mich betrifft, so sehe ich in der Religion nicht das Geheimnis der Inkarnation, sondern vielmehr das Geheimnis sozialer Ordnung. Sie verhindert nämlich, daß die Reichen von den Armen umgebracht werden, indem sie die Idee der Gleichheit auf den Himmel verschiebt... Priester sind mehr wert als Kant und alle die deutschen Träumer zusammengenommen. Wie könnten wir ohne Religion Ordnung im Staat haben? Die Gesellschaft kann nur weiterbestehen mit den Ungleichheiten des persönlichen Schicksals. Damit diese Ungleichheiten weiterbestehen können, brauchen wir die Religion. Wenn nämlich jemand an Hunger stirbt und daneben wohnt jemand, der alles hat, wäre es unmöglich für den Hungernden, sich mit solcher Ungleichheit abzufinden, wenn es da nicht eine Autorität gäbe, die ihm sagte: Es ist Gottes Wille. In dieser Welt muß es Arme und Reiche geben, aber hinterher, bis in alle Ewigkeit, wird das Geschick andersherum sein» (zit. bei B. von Wartenberg-Potter 136).

Nochmals: Es gibt also zwei Arten von Religion:

– *eine Religion der Inkarnation*: die lehnt Napoleon ab.

– *eine Religion der sozialen Ordnung*: Religion muß die Armen vertrösten auf das Jenseits, damit sie nicht die Reichen umbringen. Religion ist, wie man auf dieser Linie sagen muß, Opium für das Volk, damit es sich ruhig hält und die Ungerechtigkeit akzeptiert – im Blick auf den Himmel, wo sie dann schon zu ihrem Recht kommen.

Sie werden verstehen müssen, daß ich mein Priestertum nicht so begreifen kann. Ich stehe auf dem Boden der Bibel und sie vertritt gerade eine Religion der Inkarnation.

1.3 Die Religion der Inkarnation behauptet, daß sich *im staatlichen Zusammenleben und im Zusammenleben der Völker das Reich Gottes ereignen soll.* Natürlich hat die Religion eine Dimension, die über diese Welt und über diesen Tod hinausragt – in den Himmel hinein, aber dieser Himmel muß – seit Jesus von Nazaret Mensch geworden ist – jetzt schon greifbar werden. Wer das nicht sieht, steht unmöglich auf dem Boden der jüdisch-christlichen Tradition. Der Bibel geht es darum, daß sich die Beziehungen der Menschen untereinander im Sinne brüderlich-schwesterlicher Beziehungen verändern. Der Bibel geht es darum, daß sich die Nationen auftun für das universale Reich Gottes. Der Bibel geht es um die Veränderung der Welt.

Aus diesem Grunde muß ich auch als Theologe und Priester zum Thema «Was ist uns Schweizern die Freiheit wert?» reden dürfen.

2. Dieses Thema ist in unserer Nationalhymne angesprochen. «Betet, freie Schweizer, betet.» Doch wie sollen wir diesen Aufruf verstehen? Welches Religionsverständnis steht hinter dem Satz? Das wäre zu prüfen.

Ich möchte zunächst einmal betonen, daß *die Freiheit, die wir erleben und erstreben wollen in unserem Land, das eigentliche Ziel einer Religion der Inkarnation ist.* Nur müßten wir Freiheit vielleicht noch viel fundamentaler fassen, als wir das gemeinhin tun. Vielleicht würde dann deutlich, daß wir von dem Ideal der Freiheit noch weit entfernt sind.

2.1 Ich möchte zunächst daran erinnern, daß *Gott ein Geheimnis der Freiheit ist.* Gott ist absolut frei. Er ist nicht blockiert wie wir: es gibt nichts, was ihn innerlich hemmt und zwingt; und es gibt nichts, was ihn äußerlich eingrenzt und gefangenhält. Absolut frei, spielend, bringt er die Welt hervor. Wenn dem so ist und wenn wir Ebenbilder Gottes sind, dann besteht Menschsein in der Freiheit von inneren und äußeren Zwängen. Und dann hat Religion die Aufgabe, die Menschen in die Freiheit zu führen. Darum beruht die jüdische Religion auf einer historischen Grundlage: auf der Erfahrung, daß Gott auf die Unfreiheit seines Volkes herabsieht und diese Versklavung nicht mehr mitansehen kann; auf der Erfahrung, daß Gott deswegen Führer beruft, welche aus der Unfreiheit in die Freiheit führen sollen; auf der Erfahrung des Auszugs aus Ägypten in das Land der Freiheit. Nochmals: Die christliche Religion beruht auf einer historischen Grundlage: auf der Erfahrung, daß Gott in Jesus rettet; auf der Erfahrung, daß er befreit aus den Versklavungen an Sünde, Tod und Not; auf der Erfahrung von Erlösung, Befreiung, Auferweckung; auf der Erfahrung, daß die Freiheit jetzt schon da ist, ja, daß diese Freiheit sogar eine göttliche Gestalt hat: den Heiligen Geist in uns.

2.2 Ich möchte nun noch einen eindrücklichen Text vortragen von Papst Urban II.

> «Es gibt zwei Gesetze, das öffentliche und das persönliche. Das öffentliche ist das von den heiligen Vätern verfaßte und aufgestellte, das Gesetz der Canones... Das persönliche Gesetz aber ist durch die Eingebung des Heiligen Geistes ins Herz geschrieben; in diesem Sinn spricht der Apostel von denen, die das Gesetz Gottes in ihrem Herzen geschrieben haben, und an einer anderen Stelle..., daß sie selbst ihr Gesetz sind... Das persönliche Gesetz geht über das öffentliche Gesetz. Der Geist Gottes ist es, der als Gesetz gilt, und wer sich vom Geist Gottes leiten läßt, wird vom Gesetz Gottes geleitet. Und wer könnte dem Heiligen Geist widerstehen?... Für den Gerechten gibt es kein Gesetz; wo der Geist des Herrn ist, da ist Freiheit. Und wenn man sich vom Geist leiten läßt, steht man nicht mehr unter dem Gesetz» (Y. Congar 108).

Abgesehen davon, daß dieser Text überzeugend bestätigt, daß Gotteserfahrung und Freiheit innerlich zusammengehören, stellt er mit aller Betonung fest: Es geht um die individuelle und personale Freiheit der Kinder Gottes. Selbst das kirchliche Gesetz, geschweige denn das staatliche, ist dieser Freiheit untergeordnet. Man muß sogar die Möglichkeit in Betracht ziehen, daß einer im Namen seiner erfahrenen Freiheit in Gott aufsteht gegen die festgelegten Gesetze von Kirche und Staat und so zum Propheten wird.

Wichtig ist, daß wir die Freiheit, welche mit Gott zusammenhängt, personal verstehen, d.h. nicht willkürlich. Der Franziskanertheologe Duns Skotus hat «Person» als «esse ad alium» definiert, als «Grundorientierung des Daseins auf den anderen hin». Freiheit ist also nur Freiheit, wenn sie den anderen miteinbezieht, wenn sie *Gerechtigkeit* ist.

Vielleicht müßten wir sogar nochmals ansetzen und von der Dreifaltigkeit ausgehen, von einem göttlichen Verhältnis des Vielfältigen im Einen, von der Balance der Liebe, wie sie in Vater und Sohn wesentlich ist. Von da aus kann man auch eine theologische Begründung von Gesellschaft und Staat geben: es muß hier um Gerechtigkeit gehen, um die Balance der Liebe, um eine personale Freiheit, die alle in Gerechtigkeit und Liebe umfaßt.

3. Frieden und Gerechtigkeit gehen also aus der Mitte unserer Glaubens hervor. Darum dürfen wir sagen, daß der Befreiungskampf, den die ersten Eidgenossen verband, etwas zu tun hat mit Gott und Erlösung. *Wo immer Freiheit entsteht, wo immer ein Volk frei wird, wo immer man aufatmen kann, ist Gott gegenwärtig.* Denn Gott und Freiheit gehören zusammen.

Auch aus religiösen Gründen müssen wir also dafür sorgen, daß alle, die mit uns zusammen dieses Land Schweiz bewohnen, freie Schweizer und freie Bewohner dieses Landes sind. Wir müssen alles daran setzen, daß die Freiheit als kostbares Gut erlebt und rechtlich geschützt wird. In drei verschiedenen Bereichen muß dieses Recht auf Freiheit in Gesetzen normiert werden.

3.1 Wir müssen dafür sorgen, daß *jeder einzelne Mensch sich in Freiheit entfalten kann.* Das bedeutet:

– daß jeder einzelne Mensch ein Recht hat zu *leben* und zwar so zu leben, daß dieses Leben auch eine Qualität hat;

– daß jeder einzelne Mensch ein Recht auf einen ganzen und gesunden Körper hat und auf eine heile und gesunde Seele;

– daß jeder einzelne Mensch gesetzlich geschützt ist vor dem Schaden, den er möglicherweise von anderen erleiden könnte;

– daß jeder einzelne Mensch sich religiös verstehen und entsprechend betätigen darf;

– daß jeder einzelne Mensch teilhaben kann an den Gütern und an den Dienstleistungen des Staates;

– daß jeder einzelne Mensch das eigene Schicksal bestimmen und gestalten darf;

– daß jeder einzelne Mensch Zugang hat zu Eigentum und entsprechend darüber verfügen kann;

– daß jeder einzelne Mensch ein Recht auf Erziehung und Bildung, auf Arbeit und Beschäftigung, auf Wohnung und Nahrung, auf Freizeit und Muße hat;

– daß jeder einzelne Mensch sich selber darstellen, jemand sein, ein Privatleben und einen guten Ruf haben darf;

– daß jeder einzelne Mensch sich objektiv informieren und sich kulturell und weltanschaulich ausdrücken darf;

– daß jeder einzelne Mensch seinem Gewissen folgen und seine Stimme erheben darf.

3.2 Wir müssen uns einsetzen, *daß das ganze Volk sich in Freiheit entfalten kann.* Das bedeutet:

– daß unser Volk ein Recht hat auf eine gute Regierung und daß wir es sind, die die Verantwortung dafür tragen;

– daß unser Volk ein Recht hat, sich materiell und geistig zu entwickeln, und daß wir es sind, die die Verantwortung dafür tragen;

– daß unser Volk ein Recht hat, das Zusammenleben der Gruppen und einzelnen Menschen nach den Kriterien von Freiheit und Gerechtigkeit zu ordnen, und daß wir es sind, die die Verantwortung dafür tragen;

– daß unser Volk ein Recht hat auf demokratische Entscheidungsfindung und darum allen Formen von autoritärem Regierungsstil entgegentreten darf, und daß wir es sind, die die Verantwortung dafür tragen.

3.3 Wir müssen uns einsetzen, daß *unser Volk im internationalen Zusammenleben seine Identität wahren kann.* Das bedeutet:

– daß unser Volk ein Recht auf gerechte internationale Beziehungen hat: in wirtschaftlicher, politischer, gesellschaftlicher und kultureller Selbstbestimmung;

– daß unser Volk die eigenen Interessen gegenüber den multinationalen Unternehmen schützen und fördern darf;

– daß unser Volk ein Recht hat auf Zusammenarbeit mit anderen Völkern;

– daß unser Volk ein Recht hat auf eine internationale Ordnung, in der Humanität, Solidarität und Gerechtigkeit die Grundprinzipien sind.

Alle diese Freiheitsrechte sind bei uns auf dem Papier mehr oder weniger realisiert.

Aber tun wir alles, damit der einzelne Mensch und unser Volk wirklich frei ist?

4. Sie werden jetzt sicher erwarten, daß ich diese Frage verneine. Und ich tue es auch ganz massiv. Ich behaupte Verschiedenes: Wir glauben, frei zu sein – und sind es nicht wirklich. Und wir tun viel zu wenig, um wirklich freie Schweizer zu werden. Ich könnte das jetzt aufzeigen an vielen Beispielen, wobei ich hinzufügen muß, daß das natürlich persönliche Urteile sind.

Ich glaube, daß ein Volk nicht wirklich frei sein kann, bei dem vielleicht 30% zur Urne gehen. Die Mehrheit unseres Volkes läßt über sich bestimmen, statt daß sie bestimmt.

Ich glaube, daß ein Volk nicht wirklich frei sein kann, das der Macht des Geldes, den Banken, den Interessenvertretern, den Konzernen, der Atomenergie so viel Spielraum gibt. Da entsteht ein Staat im Staate, dem wir ausgeliefert sind.

Ich glaube, daß ein Volk nicht wirklich frei ist, das sich so über moralische Werte hinwegsetzt, wie das in vielen Abstimmungen der letzten Jahre der Fall gewesen ist: Wir sind im engen Geist des nationalen Denkens gefangen und unfähig, den Menschen zu sehen, den Ausländer, den Asylanten...

Ich glaube, daß ein Volk nicht wirklich frei sein kann, in dem immer mehr Menschen ausgegrenzt werden: 20 % unserer Bevölkerung lebt am Existenzminimum. Allein in Zürich gibt es bis 1000 Obdachlose täglich.

Ich glaube, daß ein Volk nicht wirklich frei sein kann, das sich so von den anderen Staaten heraushebt. Wir sind zwar wirtschaftlich vom Ausland abhängig bis in alltäglich Dinge hinein – im Falle einer Weltwirtschaftskrise müßten wir sehr leiden –, aber wir glauben nicht, daß es in unser aller Interesse wäre, sich als Partner der anderen Staaten zu verstehen und die Beziehungen brüderlich-schwesterlich zu gestalten und auf eine gute Ordnung hinzuarbeiten (UNO...).

Ich glaube, daß ein Volk nicht wirklich frei sein kann, das so eine Asylantenpraxis hat wie wir. Freiheit hat etwas mit Größe und Weite des Geistes und des Herzens zu tun. Sie verträgt sich nicht mit Enge.

So könnte ich fortfahren: Wir glauben bloß, frei zu sein, sind es aber nicht wirklich. Und wir tun viel zu wenig. Es müßten uns die Augen geöffnet werden. Wir müßten sensibler werden. Und dazu könnte die Fastenzeit da sein.

5. Ich möchte das an einem Beispiel aufzeigen. In der letzten Woche hat ein CVP-Politiker einen Bundesgerichtsentscheid im Parlament kritisiert. Man verstehe mich recht: Es ist ein Ausdruck von Freiheit, wenn so etwas geschieht. Kritik ist immer ein Zeichen von Freiheit, wo sie berechtigt ist. War sie in diesem Fall berechtigt?

Sie wissen: Es ging *um das religiöse Empfinden*, das angeblich durch einen Film verletzt worden sei. Ich habe den Film von Achternbusch nicht gesehen, ich werde ihn auch nicht sehen. Ich weiß darum auch nicht, ob er mein religiöses Empfinden verletzen würde. Aber genau daran zeigt es sich doch: Ich habe die Wahl, einen Film zu sehen oder nicht; ich kann mich ihm entziehen oder mich ihm ausliefern. Kann ein Film heute – in einem pluralistischen Volk – das religiöse Empfinden überhaupt verletzen? Ich glaube nicht.

Was ist das überhaupt das religiöse Empfinden? Muß es sich nicht an objektiven Gegebenheiten festmachen, an dem Christusbild etwa, das uns die Bibel zeichnet?

Mein religiöses Empfinden wird dann verletzt, wenn ich heute das Schicksal Jesu sich wiederholen sehe.

Mein religiöses Empfinden wird verletzt, wenn ich sehe, daß jemand «in der Herberge keinen Platz findet», wenn jemand außerhalb menschlicher Bedingungen, in einem Stall, in einer Höhle zur Welt kommen muß (Lk 2) – und das ist in unserem Land für Einheimische und Ausländer der Fall.

Mein religiöses Empfinden wird verletzt, wenn ich sehe, daß jemand Blut schwitzen muß aus Todesangst, vor dem, was er in Zukunft durchzustehen hat.

Mein religiöses Empfinden wird verletzt, wenn ich sehe, daß jemand «kein Mensch mehr ist, sondern ein Wurm» (Ps 21) oder eine Maschine, über die man herzlos entscheidet.

Mein religiöses Empfinden wird tausendfach verletzt, jeden Tag. Das Kreuz steht in der Mitte unseres Glaubens – es soll uns sensibel machen für die tausend Fälle, in denen es sich jeden Tag wiederholt.

Und das ist der Grund, warum wir in der Fasten- und Passionszeit uns mit den Menschenrechten beschäftigen müssen. Von daher kommt das Thema «Was ist uns Schweizern die Freiheit wert?» erst zu seiner Tiefe. Frei sind wir dann, wenn wir uns unter das Kreuz stellen, ins Zeichen, das in unserem Wappen steht. Erst das Herz, das durch das Kreuz geprägt ist, ist ein freies Herz. Nur der Mensch, der sich unter dem Kreuz öffnen läßt für eine radikale selbstlose Liebe, ist frei.

Benützte Literatur

G. Altner, Leidenschaft für das Ganze. Zwischen Weltflucht und Machbarkeitswahn, Stuttgart 1980.

E. Benz, Ecclesia spiritualis. Kirchenidee und Geschichtstheologie der franziskanischen Reformation, Darmstadt 1964.

J. Bernhart, Heilige und Tiere, München 1937.

D. Bertrand, La politique de Saint Ignace de Loyola. L'analyse sociale, Paris 1985.

O. Betz, Das Leben meditieren. Ein Lesebuch, München 1970.

E. Biser, Der Helfer. Eine Vergegenwärtigung Jesu, München 1973.

L. Boff, Aus dem Tal der Tränen ins Gelobte Land. Der Weg der Kirche mit den Unterdrückten, Düsseldorf 1982.

–, Zärtlichkeit und Kraft. Franz von Assisi, mit den Augen der Armen gesehen, Düsseldorf 1983.

–, Zeugen Gottes in der Welt. Ordensleben heute, Zürich 1985.

E. Burkart, Augenzeuge. Gesammelte Gedichte, Zürich 1978.

S. Cassidy, Ich habe den Mut zu glauben. Bericht einer Lebenswende, Zürich 1985.

B. Charlemagne, Ein Kamel im Nadelöhr. Ein Abenteuer eines Lebens mit den Armen, Düsseldorf 1981.

J. Collins – F. M. Lappé, Vom Mythos des Hungers, Reutlingen 1979.

Y. Congar, Der Heilige Geist, Freiburg 1982.

H. Cox, Das Fest der Narren. Das Gelächter ist der Hoffnung letzte Waffe, Stuttgart 1971.

J. Dalarun, Erotik und Enthaltsamtkeit. Das Kloster des Robert von Arbrissel, Frankfurt 1987.

G. Dautzenberg – H. Merklein – K. Müller (Hrsg.), Die Frau im Urchristentum, Freiburg 1987.

A. Delp, Gesammelte Schriften, Frankfurt 1982.

G. Duby, Ritter, Frau und Priester. Die Ehe im feudalen Frankreich, Frankfurt 1986.

P. Eicher, Theologie der Befreiung im Gespräch, München 1985.

U. M. Fiechtner – C. Magiera (Hrsg.), Anklagen. Schriften für amnesty international. Mit Vorworten von Jean Améry und Helmut Frenz, Tübingen 1977.

R. Garaudy, Ludmilla Tcherina. Erotisme et Mystique, Paris 1975.

R. Garcia-Mateo, Die Befreiungstheologie und die Scholastik. Zum Dialog zwischen den Befreiungstheologen und ihren Kritikern, in: Stimmen der Zeit 203/110 (1985) 748–754.

B. Gareis – E. Wiesnet, Gefängniskarrieren. Selbstzeugnisse junger Rechtsbrecher, Innsbruck 1973.

H. Goldstein (Hrsg.), Tage zwischen Tod und Auferstehung. Geistliches Jahrbuch aus Lateinamerika, Düsseldorf 1984.

Gratien de Paris, Histoire de la fondation et de l'évolution de l'Ordre des frères mineurs au XIII siècle, Roma 1982 (Reprint).

R. Guardini, Über die Freiheit, das Böse und das Paradies, in: Theologische Briefe an einen Freund. Einsichten an der Grenze des Lebens, München 1976, 15–18.

G. Gutiérrez, Die historische Macht der Armen, München 1984.

W. Hartmann, Biblische Konkretionen, Stuttgart 1970 (Kontexte 6).

A. Holl, Der letzte Christ, Stuttgart 1979.

E. Hug, Reden zu Gott. Überlegungen zur deutschen liturgischen Gebetssprache, Zürich 1985 (Dissertation).

A. Huxley. Die graue Eminenz. Eine Studie über Religion und Politik, Zürich 1948.

W. Kellner, Der Traum vom Menschensohn. Die politisch-theologische Botschaft Jesu, München 1985.

Kinder unserer Zeit. Eine Politik für das Kind im Blick auf die kommenden Jahre (Weißbuch der Kinder der Vierten Welt), Pierrelaye 1980.

E. Klee, u.a. (laufend in Publik-Forum).

–, Knast-Reportagen. Stichwörter zur Gesellschaftsordnung, Stein-Nürnberg-Fribourg 1973.

R. Kurz, Geheiligt werde dein zugefrorener Name. Neue religiöse Lyrik der Frauen, in: Orientierung 40 (1976) 15–19.

G. B. Langemeyer, Als Mann und Frau leben. Biblische Perspektiven der Ehe, Zürich 1984.

–, Das Schweigen im Wort. Über einige theologisch bedeutsame Aspekte der Sprache, in: A. Rotzetter, Geist und Kommunikation 37–54.

Lateinamerikanisches Martyrologium. Sie leben im Herzen des Volkes, Düsseldorf 1984.

H. de Lubac, La postériorité de Joachin de Fiore I, Paris 1978.

W. Ludin, Höre den Schrei Deines Volkes, Freiburg/Ue. 1985.

T. Matura, Suivre Jésus. Des conseils de perfections au radicalisme évangélique. Problèmes de vie religieuse, Paris 1983.

A. Mayer, Der zensierte Jesus. Soziologie des Neuen Testamentes, Olten 1983.

Menschenrechtskommission des Schweizerischen Evangelischen Kirchenbundes, Wirksam gegen die Folter. Eine Dokumentation, Basel-Fribourg 1978.

D. Mieth (Hrsg.), Der Fahrner-Prozeß – Ein Beispiel für die Problematik von Kunst und Justiz, Basel 1983.
J. Moltmann, Umkehr zur Zukunft, München-Hamburg 1970 (Siebenstern Taschenbuch).

E. Neumaier, Der Engel der Verbannten. Zum 200. Geburtstag von Friedrich Josiph Haass, dem heiligen Doktor von Moskau, in: Süddeutsche Zeitung Nr. 188 (1980) 86f.

H. Peukert, Wissenschaftstheorie Handlungstheorie Fundamentale Theologie. Analysen zu Ansatz und Status theologischer Theoriebildung, Düsseldorf 1976 (Suhrkamp Taschenbuch 231).

H.E. Richter, Der Gotteskomplex. Die Geburt und die Krise des Glaubens an die Allmacht des Menschen, Reinbek 1979.
E. Ringel – A. Kirchmayr, Religionsverlust durch religiöse Erziehung. Tiefenpsychologische Ursachen und Folgerungen, Wien 1986.
R. Rohr, Der wilde Mann. Geistliche Reden zur Männerbefreiung, München 1986.
Anton Rotzetter, Selbstverwirklichung des Christen, Zürich 1983.
–, Gott, der mich atmen läßt. Gebete, Freiburg ^{4}1988.
–, Beseeltes Leben. Briefe zur Spiritualität, Freiburg 1986.
–, Das Kreuz als Lebensform bei Franz von Assisi, in: 700 Jahre Apostelkirche Münster (Herausgegeben vom Presbyterium der Apostel-Kirchengemeinde), Münster 1984, 249-258.
–, Liturgische Spiritualität, in: Geist wird Leib 97–111.
–, Zur Gebetsmethode des Johannes Chrysostomus Schenk, in: Nachdenken über 400 Jahre. Sondernummer des Fidelis. Provinzzeitschrift der Schweizer Kapuziner, Luzern 1981, 37–59.
–, Der Fall Boff im Rahmen der franziskanischen Tradition, in: Geist und Leben 58 (1985) 350–360.
–, Zur Kirchlichkeit des Franz von Assisi, in: Franziskanische Studien 65 (1983) 70–81.
–, Die Entscheidung des heiligen Franz für die Armen. Zum gesellschaftlichen und kirchlichen Ort der franziskanischen Lebensform, in: Franziskanische Studien 64 (1982) 25–39.
–, Franz von Assisi und die Kirche der Armen, in: Geist und Leben 56 (1983) 252–261.
–, Eschatologie und Utopie im franziskanischen Denken. Die utopischen Vorstellungen der ersten Franziskaner, in: Franziskanische Studien 67 (1985) 107–113.
A. Rotzetter (Hrsg.), Geist wird Leib. Theologische und anthropologische Voraussetzungen des geistlichen Lebens, Zürich 1979 (Seminar Spiritualität Band 1).
–, Geist und Geistesgaben. Die Erscheinungsformen des geistlichen Lebens in ihrer Einheit und Vielfalt, Zürich 1980 (Seminar Spiritualität Band 2)
–, Geist und Welt. Politische Aspekte des geistlichen Lebens, Zürich 1981 (Seminar Spiritualität Band 3).

–, Geist und Kommunikation. Versuch einer Didaktik des geistlichen Lebens, Zürich 1982 (Seminar Spiritualität Band 4).

A. Rotzetter – E. Hug, Franz von Assisi: Die Demut Gottes. Meditationen, Lieder, Gebete, Zürich [4]1986.

A. Rotzetter – H. Krämer, Bist Du es, der den Steinen die Härte nimmt? Legenden, Freiburg/Ue. 1978.

G. Schiebler, Ich, Rachel, Frau des Judas, in: Zürcher «Tages-Anzeiger» vom 17. Mai 1986.

J. Schlageter, Unterscheidung der Geister, in: A. Rotzetter, Geist und Geistesgaben 13–27

–, Wurde die Armutsauffassung des Franziskus von Assisi von der «offiziellen» Kirche schließlich abgelehnt? Francisci Armutsverständnis und der Streit über «dominium Christi» und «paupertas Christi» unter Papst Johannes XXII. (1316–1334), in: Franziskanische Studien 60 (1978) 97–119.

P. Schobel, Wenn die Arbeit zur Hure wird, in: Publik-Forum, Nr. 17 (1980).

D. Sölle, Wählt das Leben, Stuttgart 1980.

F. Steffensky, Nicht die Einheit macht uns frei, sondern die Wahrheit, in: Publik-Forum, Nr. 10 (1986), S. 18.

L. Steinfeld, Das andere Leben. Die Welt der inneren Bilder, Düsseldorf 1979.

J. Thomassen, Kontinuität in der gegenwärtigen Liturgie?, in: Communio 3 (1974) 568–571.

M. Thürkauf, Technomanie – die Todeskrankheit des Materialismus. Ursachen und Konsequenzen der technologischen Maßlosigkeit unserer Zeit, Schaffhausen 1980.

B. von Wartenberg-Potter, Wir werden unsere Harfen nicht an die Weiden hängen. Engagement und Spiritualität. Stuttgart 1986.

P. Watzlawick, Die Möglichkeit des Andersseins. Zur Technik der therapeutischen Kommunikation, Bern-Stuttgart-Wien [2]1982.

A. Weis, Die Madonna Platytera. Entwurf für ein Christentum als Bildoffenbarung anhand der Geschichte eines Madonnenthemas, Königstein 1985.

Wilhelm von St. Thierry, Tractatus de contemplando Deo, in: PL CLXXXIV, 366–380. Deutsch: H.U. von Balthasar (Hrsg.), Der Spiegel des Glaubens mit den Traktaten «Über die Gottesschau» und «Über die Natur und die Würde der Liebe», Einsiedeln 1981.

K.H. Zeiß – S. Walter, Gesicht im Goldkreis. Bildmeditationen mit Bruder Klaus, Freiburg 1980.

P. Zulehner, Neue Horizonte für die Seelsorge. Erfahrungen mit Randchristen. Herausgegeben von der Katholischen Glaubensinformation, Freiburg 1985.

Hinweis

Einige der in diesem Buch vorgelegten Vorträge sind bereits einmal veröffentlicht worden:

Den Sinn des Lebens buchstabieren. In: Fidelis, Provinzzeitschrift der Schweizer Kapuziner 73 (1986) 3–7. – Mit Erlaubnis des Verlags am Eschbach, der sich den Abdruck in einem seiner Bücher vorbehält.

Theologie und Spiritualität. In: Franziskanische Studien 66 (1984) 141–152.

Gebet und Realität. Zweiter Teil von: Franziskanische Gebetsintentionen. In: Wissenschaft und Weisheit 49 (1986) 199–216.

Maria – Christliches Menschenbild – Mann und Frau in der Kirche.

2. Zu These 5: Die Frau am Himmel, oder: Die Geburt des neuen Menschen. In: Tau. Christliche Wege mit Franz von Assisi. Dezember 1987, 4–7.

3. Zu These 7: Maria, oder: Die Poesie des Glaubens. In: Fidelis. Provinzzeitschrift der Schweizer Kapuziner 74 (1987) 70–73.

Plädoyer für eine prophetisch-politische Spiritualität. In: Geist und Leben 59 (1986) 6–19.

Orden und Initiativen zwischen Bekenntnis und Protest. Für eine Spiritualität weltweiter Verantwortung. In: Ökumenische Initiative Eine Welt, Juli 1986; Fidelis: Provinzzeitschrift der Schweizer Kapuziner 73 (1986) 130–139.

Spiritualität der Befreiung. 2. L. Boff und die franziskanische Tradition: Der zweite Teil aus: Der Fall Boff im Rahmen der Franziskanischen Tradition. Mahnung und Erinnerung. In: Geist und Leben 59 (1986) 350–360; hier ab 353.

Bekehrung zu Gott als Zuwendung zur Welt. Bemerkungen zum Thema Schuld und Bekehrung. In: Fidelis. Provinzzeitschrift der Schweizer Kapuziner 71 (1984) 50–56.

Frieden wagen – Lesepredigten. In: Fastenopferunterlagen der Schweizer Katholiken für das Jahr 1981, 37–48.

Abkürzungen

ANF	Analecta Francescana, Quaracchi 1985 ff.
BrGl	Brief an die Gläubigen: Franz von Assisi, Schriften, Werl ^{5}1987.
BrMin	Brief an einen Minister: Franz von Assisi, Schriften, Werl ^{5}1987.
Cel	Thomas von Celano, Leben und Wunder des heiligen Franziskus von Assisi, Werl 1980.
DThCath	Dictionnaire de Théologie Catholique, Paris 1930ff.
Erklvat	Erklärung des Vaterunsers: Franz von Assisi, Schriften, Werl ^{5}1987.
Jord	Jordan von Giano, Chronik: Nach Deutschland und England, Werl 1957.
LegPer	Legenda Perusina: Bigaroni (Hrsg.), Compilatio Assisiensis, Porziuncola 1978.
NbReg	Nichtbullierte Regel: Franz von Assisi, Schriften, Werl ^{5}1987.
Spiegel der Vollkommenheit	Der Bericht über das Leben des Franz von Assisi, München 1981.
TAU	Tau. Christliche Wege mit Franz von Assisi, Gossau.